Christiane Widmayr | Anneliese Kompatscher

Kinder und Gärten

Christiane Widmayr (Text) | Anneliese Kompatscher (Fotos)

Kinder und Gärten

Spielen, Toben, Staunen und Entdecken

blv

Inhalt

Inhalt

Feste, Spiele Basteleien 92

Einführung

Ein Sandkasten, eine Schaukel
und – gähnende Leere.
So sehen in der Regel Gärten aus,
in denen Kinder spielen.
Aber es geht auch ganz anders …

Ein Traum

nimmt Gestalt an: der Familiengarten

1

Gartenglück für Jung und Alt

Freie Flächen, auf denen Kinder ungefährdet spielen und toben dürfen, werden im Siedlungsbereich immer seltener. Und auf der Straße ist der Aufenthalt viel zu gefährlich. Deshalb brauchen unsere Sprösslinge ganz dringend ein eigenes Fleckchen Erde, wo sie sicher und geborgen ihrem Bewegungsdrang folgen können, gemütliche Schlupfwinkel finden, ihrer Kreativität freien Lauf lassen dürfen und sich nach Herzenslust ausleben können. Davon träumen fast alle jungen Familien.

Die Wirklichkeit sieht traurig aus

Wer neugierig über fremder Leute Gartenzäune lugt, wird verblüfft feststellen, dass zwei Extreme vorherrschen. Zum einen werden Sie Gärten entdecken, bei denen Sie die Anwesenheit von Kindern höchstens erahnen können: Mit ihren aufgeräumten Rabatten und dem gepflegten englischen Rasen wirken sie ausgesprochen »erwachsen« und erwecken den Eindruck des »Rühr mich nicht an!« auf Groß und Klein. Den anderen Gartentyp sieht man weitaus häufiger. Mitten im geschorenen Grün steht einsam ein quadratischer Sandkasten, das bunte Klettergerüst mit integrierter Schaukel füllt ein Gartenecke – der Rest ist gähnende Leere.

Die Gründe der jungen Eltern sind verständlich: Ein eigenes Haus, egal, ob neu gebaut oder gebraucht gekauft, verschlingt viel Geld. Meist reicht das Budget dann gerade noch

2

für die Inneneinrichtung, alles weitere wird auf später verschoben. So muss der Garten eben noch warten, und um die Kleinen wenigstens kurzzeitig beim Haus halten zu können, wird schnell das Allernötigste für die Kinder angeschafft. Gut einsehbar soll der Nachwuchs nun wie auf dem Präsentierteller spielen und seinen Fantasien freien Lauf lassen.

Aber auch bei einer gut gefüllten Haushaltskasse werden Zweifel am Sinn eines gepflegten und stilvoll eingerichteten Hausgartens wach: Ist die Gestaltung des Gartens denn überhaupt erstrebenswert, solange die Racker noch so klein sind? Töpfe werden mit dem Rad umgefahren, kostbare Blumen vom Fußball geköpft, Äste bei Kletterversuchen abgebrochen, die schönen Terrassenmöbel durch lebhaftes Indianer-Spielen ramponiert, und Wasser im Garten ist für Kinder ohnehin viel zu gefährlich.

3

Deshalb räumt man dem Nachwuchs lieber erst einmal das Feld, lässt alle Träume von eigenem Gartenglück fahren und hofft auf spätere Zeiten, wenn die Kinder »vernünftiger« oder überhaupt aus dem Hause sind. Trauriges Fazit: Im Garten, dem einzig sicheren Hort, wo die Kleinen bei frischer Luft und Sonnenschein die Wunder dieser Welt entdecken könnten, herrscht nichts als gähnende Langeweile. Der Spaß am neuen Klettergerüst währt nur kurz, bald wird es ausdauernd gemieden, weil man so gar nichts Aufregendes damit anfangen kann. Auch sonst ist weit und breit nichts zu entdecken, was Spaß und Vergnügen verheißt und die Fantasie auf Hochtouren bringen könnte.

Aber auch die Erwachsenen sind nicht besser dran: Sämtliche ästhetischen Ansprüche sind auf irgendwann später vertagt. Der grüne Daumen kann noch so jucken, es wird ihm nichts helfen – denn erst einmal sollen ja die Kinder zu ihrem Recht kommen. Und so geschieht es, dass eigentlich keiner mit diesem Stückchen Land vor der Türe so recht glücklich ist, weder Eltern noch Kinder. Was also dringend gebraucht wird, ist ein Garten für die ganze Familie – einer, in dem sich alle zusammen wohl fühlen und wo jeder nach seiner eigenen Fasson glücklich werden kann. Dabei möchte Ihnen dieses Buch helfen. Es zeigt Ihnen, wie der Garten Kindern Spaß,

1 Willkommen im Familiengarten!

2 Gleich vor der Türe lockt das Abenteuer. Wie langweilig ist dagegen ein Spielplatz »von der Stange«!

3 Schnell realisiert: die Erlebniswelt für Erwachsene und Kinder.

Spiel und Abenteuer bietet, ohne für die Erwachsenen seinen Reiz zu verlieren.

Knapp bei Kasse? Kein Problem!

Leider reicht es nicht aus, nur Zeit und Fantasie zu investieren, damit die grünen Träume wahr werden. Auch der Kostenfaktor spielt eine große Rolle. Doch müssen alle Ideen sofort und gleichzeitig verwirklicht werden? Wer zu Beginn seiner »Familienzeit« ein gutes Gesamtkonzept für den Garten entwickelt hat und daher weiß, was wohin kommen soll, kann ganz in Ruhe und Schritt für Schritt an die Realisierung seiner Träume gehen – so, wie der Geldbeutel es gerade erlaubt.

1

Und außerdem: Kinder wachsen schneller heran, als wir denken. Dreijährige haben ganz andere Bedürfnisse als Teenager, und trotzdem liegen dazwischen nur ein paar Jahre. Der kindgerechte Garten ist demnach kein statischer Zustand – so, wie sich die Kleinen entwickeln, wird sich auch das Fleckchen Grün mit der Zeit verändern. Ein hoher finanzieller Aufwand lohnt sich deshalb in diesem Stadium meist nicht.

Erinnerungen

Träumen Sie auch noch von einem ganz bestimmten Garten aus der Kinderzeit? Was wohl das Geheimnis dieses außergewöhnlichen Fleckchens Erde war? Doch gewiss nicht Plastik-Sandkästen und 0/8/15-Klettergerüste von der Stange! Irgendwie schien hier trotzdem die Sonne heller und schmeckten die Erdbeeren süßer. Versuchen Sie sich daran zu erinnern, was so ganz besonders an diesem Garten war. Vielleicht ist es ja gar nicht so schwer, einiges davon nachzugestalten.

Spiel- und Turngeräte, die für Kinder angeschafft oder selbst gebaut werden, müssen nicht ewig halten. Das Allerbeste und Teuerste hat häufig nicht den Spielwert, den sich Kinder in der ersten Begeisterung vorstellen. Nehmen sich die Eltern Zeit und dürfen die Kinder mitplanen und mitgestalten, macht oft ein einfaches Provisorium die Kleinen und ihre Eltern glücklich! Verzichten Sie deshalb auf allzu perfekte oder gar komplizierte Spielgeräte, auch dann, wenn die »Konkurrenz« in der Nachbarschaft groß ist. Weniger ist oft mehr, lässt Kindern Raum für eigene Ideen und fördert ihre Fantasie.

Oma und Opa, Onkel, Tanten – sie alle zeigen sich dem Nachwuchs gegenüber meist gerne spendabel. Vielleicht haben sie Lust, sich an der Finanzierung grüner Kinder-Träume zu beteiligen? Anstatt noch ein Video oder das fünfte Computerspiel anzuschaffen, wäre es doch eine gute Idee, Baumaterial für das Baumhaus zu stiften, eine Hängematte für die lauschige Gartenecke zu verschenken oder seine Heimwerker-Künste für den Bau einer Ritterburg mitsamt Zugbrücke anzubieten. Lassen Sie sich vom Ideenreichtum Ihrer Kinder mitreißen und helfen Sie ihnen bei der Realisierung ihrer Träume.

Ein Garten mit Familiensinn

Mit Kindern ist das Leben plötzlich ganz anders. Gerade noch war man unabhängig und mobil, der Garten spielte eine eher untergeordnete Rolle. Nun ist der Nachwuchs da, und mit ihm ist man wesentlich stärker an das Haus gebunden.

Damit bekommt das Fleckchen Erde direkt vor der Türe einen ganz neuen Stellenwert. Denn während die Außenwelt voller Gefahren für die Sprösslinge steckt, bietet das umzäunte Stückchen Land vertraute Sicherheit und dabei vielfältige Spielmöglichkeiten an der frischen Luft. Im Garten kommen die Kleinen voll auf ihre Kosten, sie sind zufrieden und wären am liebsten den ganzen Tag draußen auf Entdeckungstour – immer vorausgesetzt, der Garten hat etwas zu bieten. Dann erweist er sich als beste Voraussetzung für ein glückliches Familienleben.

Natürlich ist es nicht immer ganz einfach, sämtliche Gartenträume von Klein und Groß unter einen Hut zu bringen. Erwachsene suchen häufig in der Natur Ruhe und Erholung, wollen ihre Seele baumeln lassen und den Alltag ein wenig vergessen. Dafür wünschen sie sich eine idyllische Umgebung mit Blütenduft und Bienengesumm. Kinder dagegen wollen toben, auf Bäume klettern, Löcher buddeln, im Matsch wühlen und viele Abenteuer erleben.

Sie meinen, das alles lässt sich niemals miteinander vereinbaren? Doch – es gibt solche Gärten, die Erwachsene und Kinder gleichermaßen glücklich machen, auch wenn deren Vorstellungen noch so verschieden sind. Sie erkennen dieses grünes Paradies ganz leicht an einem einzigen Merkmal: an den von Kindern heiß geliebten Verstecken! Man braucht nicht mal bis zehn zu zählen, und schon sind die kleinen Racker spurlos im dichten Grün verschwunden, wie vom Erdboden verschluckt, haben sich in Luft aufgelöst, um dann wieder wie der Blitz von einem Versteck zum anderen zu huschen. Die Möglichkeit hierfür bieten Bäume, Buschwerk, geschnittene Hecken, Zäune, von Kletterpflanzen umschlungene Rankgitter, Blumenbögen und Pergolen, mit deren Hilfe sich verschiedene Gartenräume bilden lassen.

Und somit findet sich eine ruhige Nische für Vaters Liegestuhl und ein Eckchen für Mutters Kräutersammlung, ein gemütlicher Sitzplatz für die Familienrunde, es gibt Schlupfwinkel und Rückzugsgebiete für die Kinder und Freiräume zum Toben. Ein solcher Garten bietet ausreichend Raum für gemeinsame Unternehmungen, aber auch Platz, um einmal – fast – ungestört den Tag zu genießen.

Wenig Platz für große Träume?

Natürlich bleiben in einem kleinen Garten notgedrungen Wünsche offen. Den Kindern etwa einen eigenen Fußballplatz zu versprechen, wäre dann doch zu vermessen, aber mit ein bisschen gutem Willen ist viel zu

1 Kinderglück bedeutet etwas ganz anderes als genormte Spielgeräte.

2 »99, 100 ... ich komme!« Kinder lieben Gärten mit vielen Verstecken.

1 Was ist das: Es beflügelt die Fantasie, braucht kaum Platz und macht unglaublich Spaß? Seifenblasen-Zauber!

2 Na, gibt es schon etwas zu ernten?

3 Kuschelige Rückzugsmöglichkeiten sind für größere Kinder sehr wichtig.

4 Die Kleinen buddeln mit Begeisterung im Sand.

Ganz unabhängig von der Grundstücksgröße leisten jedoch die Kinder selbst den Hauptbeitrag für das Garten-Vergnügen. Man muss sie nur lassen! Mit viel Fantasie und wenig Zubehör können sie sich oft stundenlang beschäftigen – auch auf kleinstem Raum.

erreichen. Und vielleicht tut es ja für den Anfang auch eine Torwand neben der Garage. Gute Ideen sind bei der Anlage eines kindgerechten Gartens ohnehin viel wichtiger als eine große Fläche. Wer seine Fantasie ein wenig spielen lässt und sich nicht scheut, auch unkonventionelle Lösungen ins Auge zu fassen, erreicht selbst auf eingeschränktem Platz eine ganze Menge.

»Doppelnutzung« heißt das Zauberwort. Warum nicht zum Beispiel das Spielhäuschen der Kinder, umgeben von einem Geländer, auf das Garagendach setzen? Platz spart auch, wer unter dem Baumhaus für die Jugend einen lauschigen Sitzplatz schafft, den dann die Erwachsenen zum Kaffee trinken und Feiern nutzen können. Ein Balkon eignet sich als Startrampe für eine Rutschbahn in den Garten und die Schaukel wäre am Balkenwerk der Pergola gut aufgehoben. Sind kleine Kinder im Haus, kann aus dem Folienteich vorübergehend ein interessanter Sandspielplatz entstehen, den Sie später wieder in ein Feuchtbiotop zurück verwandeln. Und die Garageneinfahrt eignet sich bestens für Ballspiele oder zum Aufstellen der Tischtennisplatte.

Auch im kleinen Garten sorgt die Natur täglich für neue, aufregende Erlebnisse. Ein Vogel brütet in der Hecke, das Tränende Herz, eine Blume, überzieht sich plötzlich mit lauter kleinen Herzchen, die vergnügt im Wind schaukeln, Bienen mit gelben Höschen, die immer dicker werden, summen zwischen den Blüten herum ... Entdecker gesucht!

3

Kinder, wie die Zeit vergeht!

Ein Familiengarten befindet sich in ständigem Wandel. Die Kinder entwickeln sich und werden größer – und so muss sich auch das Fleckchen Erde vor der Tür immer neuen Bedürfnissen anpassen. Was in einem Jahr noch ganz oben auf der Spiel-Hitliste stand, ist im nächsten Jahr vielleicht schon wieder passé. Solche Veränderungen sollten Sie von vorneherein bei der Gestaltung Ihres grünen Paradieses einplanen. Am besten bewähren sich daher Spielgeräte oder ganze Spielbereiche, die sich ohne großen finanziellen und gestalterischen Aufwand verändern lassen.

Krabbelalter und erste Schritte: Solange die Kinder noch sehr klein sind, brauchen sie wenig Platz und keine aufwändigen Spielgeräte. Es genügen ein beschatteter Sandkasten mit Buddel-Zubehör, ein Stückchen Rasen zum Krabbeln und Laufen und an heißen Tagen ein flaches Planschbecken. Alles sollte vom Haus aus gut einsehbar sein, damit die Eltern ihren Nachwuchs ständig im Blick haben und im Notfall hören – auch wenn es drinnen etwas zu tun gibt. Ohne unentwegte Obhut und Fürsorge geht es nämlich noch nicht!

Reif für den Kindergarten: Immer noch suchen die Kinder die Nähe der Eltern und sind auf gelegentliche Unterstützung angewiesen (»Guck mal, Mama ...«). Auch das Buddeln in der Sandkiste macht noch großen Spaß, doch die Kleinen werden immer mobiler. Sie kurven mit dem Dreirad und später mit einem kleinen Fahrrad herum, finden Schaukeln großartig und entwickeln sich zu wagemutigen Klettermaxen und Akrobaten, die immer den Weg nach oben finden. Nur das Herunterkommen macht noch gelegentlich Probleme! Deshalb sind schnelle Rettungseinsätze durch die Eltern in diesem Alter hin und wieder sehr gefragt.

Schulkinder: Die Sprösslinge sind jetzt schon sehr selbständig und Aufsicht durch Erwachsene ist deutlich unerwünscht. Am liebsten rotten sich die Kinder zu mehreren in sogenannten »Banden« zusammen, wo Mutproben und Geheimniskrämereien eine wichtige Rolle spielen. Der Drang nach Bewegung wird immer stärker und die Kinder entwickeln sich zu begeisterten »Häuslebauern«. Jetzt ist es für alle Beteiligten am besten, wenn der Nachwuchs irgendwo im Garten eine eigene Kinder-Ecke zugewiesen bekommt, wo nach Herzenslust gespielt und getobt werden kann, ohne dass er ständig den Blicken der Großen ausgesetzt ist.

Teenager: In diesem Alter orientiert sich der Nachwuchs immer mehr nach außen. Das Zuhause wird als eine Art sicherer Hafen betrachtet, der von Zeit zu Zeit zum »Auftanken« aller Art angesteuert wird. Nutzen Jugendliche den Garten, dann gleichen sie sich in ihren Bedürfnissen immer mehr den Erwachsenen an: Sitzplätze für gesellige Runden sind gefragt, aber auch lauschige Ecken, um sich für eine Weile zurückzuziehen. Ansonsten stehen Plätze für ein sportliches Match hoch im Kurs, auf denen man exzessive Tischtennis-, Badminton- oder Basketball-Wettbewerbe austragen kann.

4

Planen und gestalten

Läßt sich der Traumgarten nicht gleich ganz verwirklichen – macht nichts. Mit einem gut durchdachten Plan kommen Sie auch Schritt für Schritt ans Ziel.

Schritt für Schritt
den Garten planen

Wohl überlegt ist halb gebaut

Ob Sie nun einen bereits bestehenden Garten verändern oder Ihr grünes Glück völlig neu gestalten wollen – ein gut durchdachtes Gesamtkonzept ist in beiden Fällen unerlässlich. Denn nur auf diese Weise gehen Sie sicher, dass alle Ihre Ideen am Ende ein sinnvolles und harmonisches Ganzes ergeben. Am besten erstellen Sie einen Plan, den Sie immer dann zu Rate ziehen sollten, wenn Sie vorhaben, tatendurstig die Ärmel hochzukrempeln, um im Garten Neu- und Umbauten anzupacken. Ein Plan ist besonders wichtig, wenn Sie Ihre Träume, vielleicht aus finanziellen Gründen, nur langsam, Stück für Stück, verwirklichen können. So vermeiden Sie, dass Sie gerade dort einen Teich anlegen, wo – wie sich schließlich herausstellt – der beste Platz für ein Küchengärtchen wäre.

Doch nur keine Aufregung! Es klingt alles komplizierter als es wirklich ist. Nehmen Sie sich genügend Zeit, um mit Ruhe an die Sache heranzugehen. Ihr Haus werden Sie sich ja auch nicht an einem einzigen verkaufsoffenen Samstag einrichten, oder?

Alle Ideen auf den Tisch!

Bevor Sie mit der eigentlichen Planung Ihres Gartens beginnen, darf erst einmal geträumt werden. Dabei ist es besonders wichtig, die ganze Familie von Anfang an mit einzubeziehen. Blättern Sie gemeinsam in Gartenbüchern, besuchen Sie zusammen Parks und anderer Leute Gärten, um herauszufinden, was Ihnen allen am besten gefällt. Dann entwickelt auch Ihr Nachwuchs schnell ein ganz

1 Kinderwünsche: Das eigene Häuschen steht ganz oben auf der Liste.

2 Manchmal werden sogar die kühnsten Träume wahr – und plötzlich ist man stolzer Burgherr.

3 Sehen, ohne gesehen zu werden: Kinder lieben grüne Verstecke.

3

persönliches Interesse am Garten und wird sich darin wohl fühlen.

Bestimmt hat jedes Familienmitglied eigene Vorstellungen vom Gartenglück. Ermutigen Sie Ihre Kinder, dass sie diese in einer bunten Zeichnung zu Papier bringen und schreiben Sie auch Ihre eigenen Wünsche in einer Liste zusammen.

Vater träumt vielleicht von ein paar Obstbäumen und einem ruhigen Eckchen für eine Hängematte, Mutter schwärmt von einem großen gemütlichen Sitzplatz für alle und von einem kleinen Hexengärtchen ganz für sich alleine, in dem sie ungestört Kräuter für die Hausapotheke und ihre Lieblingsblumen ziehen kann. Eine romantische Laube, ein Rosenbogen am Garteneingang – vieles lässt sich verwirklichen und in die Gesamtplanung mit einbeziehen.

Und die Kinder? Hier geht es ziemlich bunt durcheinander! Da werden Stall und Weide für ein Pony gefordert, auch ein Teich mit vielen Fröschen ist im Gespräch, Schaukel und Rutsche mit ganz viel Sand zum Buddeln und ein Fußballplatz wären nett, das Baumhaus ist ganz dringend vonnöten und ein Wald muss ebenfalls sein oder wenigstens ein Swimmingpool. Sie sehen schon: Erwachsene und Kinder haben oft recht unterschiedliche Vorstellungen von einem gelungenen Garten.

Nun gilt es sich zu einigen und Kompromisse zu finden. Platz- und Finanzierungsmöglichkeiten spielen natürlich eine gewichtige Rolle. Womöglich lassen sich einige Träume im Maßstab etwas zurückschrauben? Mit etwas gutem Zureden könnte sich das Pony vielleicht in eine kleinen Hund oder in zwei Kaninchen verwandeln. Erstklassige Waldstimmung entsteht auch schon unter der Krone eines einzigen ausladenden Baumes, wenn dort noch zusätzlich Sträucher und Schattenstauden gepflanzt werden. Und mit einem Schwimmteich lassen sich Pool und Froschweiher hervorragende kombinieren.

Wenn jedes Familienmitglied wenigstens einen seiner innigsten Träume im Garten verwirklichen darf, dann sind in der Regel alle Familienmitglieder mit der realistisch »bereinigten« Wunschliste zufrieden.

Von Plänen und anderen Grundlagen

Egal, ob Sie mit ein paar Änderungen nur etwas frischen Wind in den neu erworbenen Garten bringen wollen oder ob Sie mit einem Neubau praktisch bei Null anfangen – auch eine Bestandsaufnahme muss sein. Alles, was Sie dabei herausfinden, also alle gesammelten Beobachtungen, werden in einen so genannten **Bestandsplan** eingetragen.

Eine große Hilfe ist der **Amtliche Lageplan**, den Sie bei der zuständigen Baubehörde erhalten. In ihm ist im Maßstab 1:1000 alles eingezeichnet, was Sie wissen müssen: die Position des Hauses und sämtlicher Nebengebäude auf dem Grundstück, Nachbargebäude, aber auch angrenzende Wege und Straßen. Wenn Sie den für Sie zutreffenden Bereich auf den Maßstab 1:100 (1m in Wirklichkeit ist 1cm auf dem Plan), bei einem kleinen Grundstück oder für Gartendetails auch 1:50 vergrößern, haben Sie bereits eine gute Grundlage, nach der es sich arbeiten lässt. Oder sie verwenden den **Eingabeplan** Ihres Neubaus, und zwar jenen Teil, in dem sämtliche Grundrisse eingetragen sind. Alle Angaben zur Lage Ihres Hauses – einschließlich vorhandener Fenster und Türen – und der Nebengebäude brauchen Sie nur noch zu übernehmen. Ist soweit alles klar, kann es losgehen! Was ist bereits vorhanden und hat sich bewährt, worüber ärgern Sie sich jeden Tag und wo muss etwas geändert werden? Gibt es bereits vorhandene Pflasterflächen, Treppen, Stützmauern? Ist der Garten brettteben oder verläuft er in sanften Schwüngen? Wo liegen Versorgungsleitungen? Stehen Bäume und Sträucher auf dem Grundstück

1

oder ist etwa eine Zisterne eingebaut? All dies gilt es mit Maßband und Winkel genau zu vermessen und maßstabsgetreu in den Plan zu übertragen.

Lassen Sie sich Zeit, betrachten Sie Ihren Garten, ob völlig leer oder bereits wild eingewachsen, immer wieder. Beobachten Sie die Windverhältnisse, sonnige und schattige Bereiche, Lieblingsplätze und Gewohnheiten der Familienmitglieder – Sie werden sehen, vieles ergibt sich dann ganz von selbst.

Manchem scheint es fast angenehmer zu sein, ein leeres Grundstück ganz neu zu gestalten als bereits Vorhandenes in die Planung mit einzubeziehen. Doch bedenken Sie auch, wie viele Jahre ein kleines Bäumchen braucht, um so stattlich zu werden, dass Kinder in seiner Krone herumklettern können, wie viel Zeit vergeht, bis eine frisch gepflanzte Hecke endlich blickdicht wird. Freuen Sie sich, wenn Sie einen bereits eingewachsenen Garten erworben haben, auch wenn Sie einiges daran ändern möchten.

Was sein muss, muss sein!

Träume sind schön, aber die Realität holt uns schnell ein: Wo sollen zum Beispiel Wäschespinne und Mülltonnen hin, ohne allzu sehr zu stören? Wo werden Fahrräder abgestellt, wo können Gartengeräte und Gartenmöbel aufbewahrt werden und wo das Holz für den Kamin trocknen? Wird ein Carport benötigt oder gleich mehrere Parkplätze? Was ist mit Regentonne und Komposthaufen?

Oft ist es schwierig, den geeigneten Platz für diese notwendigen Dinge zu finden, der sich in der Praxis bewährt und doch nicht zu sehr ins Auge fällt. Am besten halten Sie alles in einer Liste fest und notieren sich gleich Ideen und Lösungswege dazu.

2

Kinder wollen kreativ sein

Unternehmen Sie doch zusammen mit Ihren Sprösslingen eine Entdeckungsreise durch Ihr Grundstück. Vielleicht haben die Kleinen mit jener wilden Ecke, in der Sie im Geiste schon Gemüse wachsen sehen, ja ganz andere Pläne. Wundern Sie sich nicht! Meist sind es nicht die aufwändigen Spielgeräte, die die kleinen Herzen höher schlagen lassen, sondern Spielplätze, die Veränderungen zulassen, Kreativität fördern und alle Sinne schulen. Deshalb spielen Kinder ja auch so gerne im Wald, auf Brachflächen, am Bach, überall dort, wo es etwas zu erleben gibt, wo gleichzeitig Geschicklichkeit trainiert und Mut erprobt werden kann.

So ein Kinderparadies lässt sich auch vor der Wohnzimmertüre im eigenen Garten gestalten – ganz nah und jederzeit verfügbar. Freie Flächen zum Spielen und Toben müssen sein, aber auch verwunschene Ecken, denn Kinder lieben es, sich zu verstecken und ungesehen von sicherer Warte aus das Geschehen im Garten zu beobachten. Schaffen Sie solche geheimnisvollen Bereiche für Ihre Kinder – mit Hilfe von Zäunen, Mauern, Rankgittern und anderen Raumteilern. Oder wie wäre es mit einer kleinen lauschigen »Lichtung« irgendwo im Garten, umgeben von schützenden Gehölzen? Ein weicher Boden aus Rindenmulch, ein paar große Baumscheiben zum Sitzen und Spielen, fertig ist die »Gartenwohnung«!

Kinder haben viel Fantasie! Dank ihrer Vorstellungskraft verwandeln sie die kleine, baumbestandene Erhöhung im Garten ohne weiteres in eine einsame Insel mit Palme, auf der die kleinen Eroberer nach einer wilden Seereise stranden können. Aus ein paar Laken oder einer großen Kiste entsteht im Nu ein Märchenschloss, und der undurchdringliche grüne Dschungel, in dem viele spannende Abenteuer warten, besteht aus ein paar Sträuchern an der Gartengrenze.

Kinder beherrschen etwas, was wir Erwachsenen leider verlernt haben: Sie verwandeln Vorhandenes einfach in das, was gerade dringend gebraucht wird. Oder sie organisieren es! Etwa einen großen, abgebrochenen Ast mit trockenen Blättern dran, einen alten Holzzuber, eine Transport-Palette, ein paar runde große Steine und alles, was man sonst noch so zum Spielen und Glücklichsein braucht. »Nah bei und trotzdem fern«, so spielen Kinder im Familiengarten am liebsten.

Erschrecken Sie nicht, wenn es in der Kinder-Ecke alles andere als »ordentlich« zugeht. Lassen Sie Ihre Sprösslinge dort einfach nach ihren eigenen Vorstellungen schalten und walten. Denn das höchste Glück für Kinder ist eine Art »Dauerbaustelle« zum Wühlen, Matschen, Löcher graben – die sie ganz nach Lust und Laune gestalten und verändern dürfen. Wo es etwas zum Hochklettern und Herunterpurzeln gibt, wo man ein Kartoffelfeuer machen darf und wo Baumaterial und Werkzeug vorhanden ist, um eine Bretterbude oder ein Piratenschiff zusammen zu zimmern. Natürlich darf auch Wasser nicht fehlen! Am besten gleich im Verein mit Erde, Sand oder Lehm.

Mit Tabu-Zonen Ärger vermeiden

Eines ist sicher: Jeder von einer Familie intensiv genutzte Garten wird von Zeit zu Zeit etwas »struppig« wirken. Schließlich will man ja damit keinen Preis gewinnen, sondern denkt eher an ein großes, grünes Spielzimmer mit Sonnenschein, Vogelgezwitscher und viel Platz zum Toben für die Kinder. Aber da-

1 Neu gepflanzte Bäume brauchen »ewig«, bis Kinder darauf herumklettern können. Glücklich, wer einen alten Garten besitzt!

2 Stützmauern werden von Kindern gern zum Spielen genutzt – breite Stufen übrigens auch.

3 Tabu-Zonen: Fußball spielen verboten!

für muss ihnen ja nicht der gesamte Garten zu Verfügung stehen! Denn zum Gartenglück der Erwachsenen gehören nun mal Blumenduft, frisches Gemüse und Kräuter. Und das will man nicht pausenlos – mit Herumnörgeln oder wüsten Drohungen – gegen trampelnde Kinderfüße, wild gewordene Dreirad-Fahrer oder Fußbälle verteidigen.

Ärger lässt sich deshalb am besten vermeiden, wenn man die grünen Schätze gleich von Anfang an außerhalb der Gefahrenzone in Sicherheit bringt. Also: Toben und Fußball spielen in einer Ecke, Mutters grüne Lieblinge genau entgegengesetzt! Ist im kleinen Garten nicht ausreichend Platz als Pufferzone vorhanden, hilft robustes Buschwerk als Barriere oder ein Stück Zaun, das man mit Kletterpflanzen hübsch umranken lässt. Auch mit einem Holzgitter oder einer halbhohen, geschnittenen Hecke kann man schnell ein geschütztes »Gärtchen im Garten« schaffen, in dem empfindliche Pflanzenschätze fernab vom munteren Treiben gedeihen können.

Sogar ein langgezogenes Handtuch-Gärtchen hinter dem Reihenhaus lässt sich auf diese Weise bestens in zwei hintereinander liegende grüne Zimmer gliedern: Angrenzend an die Terrasse befindet sich der Garten der Erwachsenen, dahinter hat die Jugend ihr eigenes Reich. Ein Rosenbogen bildet einen Durchschlupf und verbindet beide Teile miteinander.

Der neue Garten nimmt Gestalt an

Sind Ihre Überlegungen gereift, ist es an der Zeit, einen detaillierteren Plan anzufertigen, der alle Elemente beinhaltet, die im »wirklichen« Garten auch enthalten sein sollen.

Als Grundlage für Ihre Entwürfe dient der Bestandsplan (siehe Seite 17), über den Sie Transparentpapier (eine Art besonders stabiles Butterbrotpapier) legen. Darauf können Sie Ihre Ideen und Eingebungen grob skizzieren und schließlich mit den exakten Maßen herausarbeiten, wobei untergelegtes Millimeterpapier sehr hilfreich ist.

Vielleicht fühlen Sie sich zunächst etwas überfordert zu entscheiden, was wohin kommt. Es gibt ja so viele Möglichkeiten! Aber denken Sie daran: Alles in Ihrem Garten sollte einen Sinn haben – praktischer oder ästhetischer Art. Ein Weg, der nirgendwohin führt ist genauso zu vermeiden wie ein Rosenbogen, der einsam ohne irgendeine Anbindung mitten im Rasen steht. Ein Teich, in einer Senke angelegt, wirkt gleich um vieles glaubhafter und natürlicher als einer, der sich oben am Hang befindet. Logisch ist auch, dass Kräuter und Gemüse in Küchennähe gezogen werden, damit die Wege zum gesunden Grün möglichst kurz bleiben. Bei genauer Betrachtung der Dinge ergibt sich dann einiges bei der Gestaltung des Gartens fast von selbst.

Manches, wie der Sandkasten auf der Terrasse, erhält nur vorübergehend einen Platz – so lange, bis die Kinder kein Interesse mehr daran zeigen. Anderes dagegen will ganz genau überlegt sein, weil es dauerhaft zum Garten gehören wird, etwa Mauern, Treppen, Wege, Terrasse und der Hausbaum.

1 Toben hier – Mutters Lieblingspflanzen da. Und dazwischen ein solides Rankgitter als Puffer.

1

2

3

Planung leicht gemacht

Erde und Sand: Kleine Kinder buddeln leidenschaftlich gern. Matschkuhlen, Sandmulden, am liebsten ganze Sandlandschaften regen sie zu fantasievollen Spielen an. Dabei muss es nicht immer geometrisch und akkurat im rechten Winkel zugehen. Lassen Sie sich von der Natur inspirieren und legen Sie eine Dünenlandschaft en miniature an. Palisaden und große Steine halten sie in ihren Grenzen.

Wasser: sollte in keinem Kinder-Garten fehlen – und wenn es nur aus dem Wasserhahn neben dem Kellerabgang kommt.

Feuer: zieht Groß und Klein beinahe magisch an. Eine Feuerstelle, ein Grill oder ein Backhäuschen sollte darum unbedingt in den Garten mit eingeplant werden. So lernen Kinder beim kontrollierten Zündeln unter Aufsicht der Erwachsenen den richtigen Umgang mit den Flammen.

Bretter, Balken, Planen, Ziegel ...: Es ist immer wieder erstaunlich, was für Welten Kinder daraus entstehen lassen. Am besten sehen Sie in einer ungenützten Gartenecke einen kleinen Lagerplatz für derartiges Baumaterial vor.

1 Pures Kinderglück: Sand in Massen.

2 Solches Baumaterial lässt Kinderherzen höher schlagen.

3 Viel Spaß mit Gras.

Pflasterflächen: sind der ideale Untergrund für alles was Räder hat – also für Dreiräder, Schiebeautos und Puppenwagen. Mit einer Packung bunter Kreiden können Kinder auf glatten Stein- und Kunststein-Platten ihr künstlerisches Talent entfalten. Auch Hüpfspiele sind möglich.

Rasen: Wenn es die Größe des Gartens zulässt, dann ist eine möglichst ausgedehnte, strapazierfähige Rasenfläche ein Muss. Hier können die Kinder Blinde Kuh und Fangen spielen, einen Spring-Parkours aufbauen, alles mögliche mit dem Ball anfangen oder einfach faul im Gras liegen.

Auf der sicheren Seite

»... seien wir ehrlich: Leben ist immer lebensgefährlich«, reimte schon Erich Kästner. Und so müssen wir lernen, Gefahren richtig zu erkennen und mit ihnen umzugehen. Das gilt natürlich besonders für unsere Kleinen.

Die meisten Unfälle bei Kindern ereignen sich im Alter von zwei bis fünf Jahren. Dann sind die Knirpse schon recht unternehmungslustig, besitzen aber noch kein ausgeprägtes Gefahrenbewusstsein. In dieser Zeit sind Eltern besonders gefordert. Sie müssen das Kunststück fertig bringen, die Kleinen einerseits vor Schlimmem zu bewahren, sie aber andererseits nicht zu sehr in Watte zu packen. Denn Erfahrung ist nicht übertragbar. Jedes Kind muss alles ganz neu und für sich selbst herausfinden – von der ersten schmerzhaften Begegnung mit einer Brennnessel bis hin zur heißen Ofenplatte. Wer seine Sprösslinge aus Überängstlichkeit vor jedem kleinen Abenteuer fern hält, riskiert, dass die Kleinen sich in unbeobachteten Momenten erst recht an Mutproben heranwagen, denen sie nicht gewachsen sind.

Wenn der Nachwuchs lernt, wie man mit Schwierigkeiten zurecht kommt, geht es ohne blaue Flecken, Kratzer und Schürfwunden hier und da nicht ab. Gut so, das lässt die Kinder in Zukunft einfach etwas vorsichtiger sein! Jedoch aus purem Leichtsinn Kopf und Kragen der Kleinen zu riskieren – das wollen wir unbedingt vermeiden.

Es gibt viele geeignete **Zaunvarianten**, um ein Kleinkind in die Schranken zu weisen und zu verhindern, dass es auf die Straße läuft. Welche davon an Ihrem Wohnort erlaubt sind, regelt das Nachbarschaftsrecht. Bevor Sie sich für ein Modell entscheiden, fragen Sie vorsichtshalber bei Ihrer Gemeinde nach.

Zaunspitzen und spitz zulaufende Pflanzenstützen bergen ein hohes Verletzungsrisiko. Zum Entschärfen eignen sich schützende Korken oder Aufstecker aus Kunststoff, die es im Fachhandel gibt.

Wählen Sie nur **stabile und standfeste Gartenmöbel**, die auch dann sicher stehen, wenn Kinder darauf herumturnen. Achten Sie darauf, dass Klappmechanismen Sicherungen gegen versehentliches Öffnen besitzen.

Gartenschmuck, etwa eine Statue oder die Vogeltränke auf einer Säule, muss kippsicher verankert sein.

Verzichten Sie auf einen **Teich**, solange Kleinkinder im Garten sind. Sie können vorausschauend ja die Teichmulde bereits bei der Anlage des Gartens in das Gelände modellieren und mit Spielsand füllen. Die Kleinen haben ihren Spaß und ein Feuchtbiotop lässt sich dann, wenn die Kinder groß sind, an dieser Stelle schnell verwirklichen.

Regentonnen ohne Deckel sind für Kleinkinder eine ernste Gefahrenquelle!

Gartengeräte nach dem Gebrauch gleich aufräumen. Lassen Sie nie **Leitern** herumstehen – kleine Klettermaxe fühlen sich davon unwiderstehlich angezogen.

Auch im Aussenbereich müssen **Steckdosen** mit einer Kindersicherung versehen werden.

Dünger und Pflanzenschutzmittel nie in Trinkflaschen abfüllen und stets in verschlossenen Schränken aufbewahren.

Pflanzen – garantiert pflegeleicht

Wenn Sie seltene Zwiebelblumen in Ihrem Garten sammeln oder ganz besondere Rosen ziehen möchten – auch im kindgerechten Garten macht das Spass! Doch die meisten Eltern sind froh, wenn sich der Pflegeaufwand für das grüne Glück in Grenzen hält. Sie toben lieber mit den Kindern herum oder erholen sich bei Kaffee und Kuchen auf der Terrasse von den Strapazen des Alltags. Da bleibt dann nicht mehr viel Zeit für die Gartenpflege. Doch unkomplizierte Pflanzen, die trotzdem etwas »hermachen«, gibt es glücklicherweise in Hülle und Fülle.

Am besten nutzen Sie einen schönen Ferientag, um zusammen mit den Kindern in Gärtnereien, Baumschulen und Gartencentern auf spannende Entdeckungsreise zu gehen. Dort können Sie sich Ihre Favoriten in natura ansehen, sich ausgiebig beraten lassen und Ihre grünen Lieblinge auch gleich mitnehmen. Denn Pflanzen in Containern dürfen jederzeit gesetzt werden – so lange der Boden nicht gefroren ist.

Ein Muss für Ihren Garten sind so unkomplizierte **Blütensträucher** wie Weigelie, Kolkwitzie, Flieder, Fingerstrauch, Schneespiere, Deutzie und Pfeifenstrauch. Sie brauchen kaum Pflege, müssen nicht gestützt und aufgebunden werden und hüllen sich viele Wochen lang in eine üppige Blütenpracht.

Auch **Rosen** sind für entspanntes Gärtnern sehr zu empfehlen. Viele Sorten, darunter

(Geranium). Gut eingewachsen erweisen sich *Geranium*-Flächen als besonders pflegeleicht. Selbst die ewig kahlen Plätze unter großen Bäumen sind für sie kein Problem. *Geranium macrorrhizum* und *G. nodosum* setzen sich sogar gegen Wurzeldruck und Trockenheit durch. Lungenkraut, Immergrün, Taubnessel, Haselwurz und Gelber Lerchensporn sind als Teppich-Pflänzchen ebenfalls sehr zu empfehlen.

Freie Lücken im Beet füllen Sie ohne großen Aufwand mit unkomplizierten **Sommerblumen**, die man nicht erst auf der Fensterbank vorzieht, sondern direkt an Ort und Stelle aus der Samentüte schüttelt. Für besonders entspanntes Gärtnern bieten sich bereits fertige Mischungen an, die keine Wünsche offen lassen, egal ob Sie es Ton-in-Ton lieben oder etwas für bedrohte Schmetterlinge tun möchten.

Neuzüchtungen wie die Beetrosen 'Ballade', 'Bernstein Rose', 'Leonardo da Vinci' und die Strauchrosen 'Colette', 'Eden Rose', 'Polka 91' sind sehr robust, zeigen sich widerstandsfähig gegen typische Rosenkrankheiten und blühen den ganzen Sommer lang bis zum Herbst.

1 Blütenwunder aus der Tüte: Unkomplizierte Sommerblumen werden direkt in das Beet gesät.

2 Ob liebevoll im Topf gezogen oder einfach ausgestreut – die Sonnenblume keimt zuverlässig.

Nun kombinieren Sie zu den Gehölzen noch besonders pflegeleichte **Stauden**: Spornblume, Herbst-Anemone, Mutterkraut, Katzenminze, Ziersalbei, Leinkraut, Knautie, Sonnenhut, Frauenmantel, Mädchenauge, Astilbe, Bergenie und andere blühen zuverlässig über Wochen und bringen Fülle ins Beet.

Zu ihren Füßen wuchern kleine **Bodendecker** und knüpfen emsig dichte Blütenteppiche, die dem Unkraut keine Chance lassen. Unschlagbar sind dabei die Storchschnäbel

Spielend die Welt entdecken

Kinder – stets auf der Suche nach Neuem

Ein erstes vorsichtiges Saugen am Ende der Blüte und dann die große Überraschung: Nie mehr wird das Kind ihn vergessen, jenen köstlichen Geschmack des Taubnessel-Nektars! Und huch! Was war denn das? Gleich noch einmal wird nach einer dieser kleinen, gurkenförmigen Schoten gegriffen und geschaut, was passiert. Die zweite »Explosion« des Springkrauts zwischen Daumen und Zeigefinger ist dann nur noch halb so schlimm und ab der dritten überwiegt der Spaß am Entdecken! Ein grünes Blatt wird ahnungslos zwischen den Fingern zerrieben - und plötzlich steigt aromatischer Zitrusduft in die Nase, obwohl doch weit und breit keine Zitrone ist. Ein Wunder? Nein, nur die erste Begegnung mit der Zitronenmelisse. Solche Momentaufnahmen aus der Kinderzeit trägt jeder von uns so lebhaft im Gedächtnis, als wäre alles erst gestern gewesen.

1

Schmecken, Fühlen, Riechen ...

Alle diese Kindheitserinnerungen sind nichts anderes als sinnliche Erfahrungen. »Als Kind war alles ganz anders«, meint dazu die Psychologin Gisela Schmeer in ihrem Buch »Das sinnliche Kind«. »Als Kind war alles farbiger, bildhafter, lauschiger, stiller und lauter, zärtlicher und grausamer, winziger und riesiger; in der Kindheit hat alles nach etwas gerochen, nach etwas geschmeckt, in der Kindheit hat sich alles irgendwie angefühlt ... als Kind war alles ganz anders – sinnlicher!«

Kleine Kinder sind stets auf der Suche nach neuen Abenteuern. Sie entwickeln durch Befühlen, Schmecken, Hören, Beobachten, Ausprobieren, Herumklettern und Toben ihre Sinne und lernen damit auf spielerische Weise die Welt kennen. »Nichts ist im Verstand, was nicht vorher in den Sinnen war«, stellte schon im 17. Jahrhundert der Engländer John Locke fest, einer der Begründer der neuzeitlichen Aufklärungs-Philosophie.

Und so strecken unsere Sprösslinge ihre Fühler aus und lernen – durch Sinneserfahrungen – sich selbst und ihre Umwelt kennen. Mit Hingabe sitzen die Kleinen im Gras und pflücken Gänseblümchen. Sie sortieren mit wachsender Begeisterung Kieselsteine und sehen andächtig den Ameisen bei ihrem geschäftigen Treiben zu. Eine flaumige Vogelfeder, ein Stückchen türkisgrüne Eierschale aus dem Starennest, ein leeres Schneckenhäuschen, alles versetzt sie in Entzücken.

Leider viel zu früh beginnt dann für unsere Kleinen der »Ernst des Lebens« mit Leistungsdruck und vollem Terminkalender. Doch das, was sie draußen im Garten und in der freien Natur mit allen Sinnen erleben dürfen, bildet die Basis für eine körperliche und seelische Ausgeglichenheit.

2

Ideen aus der Spielekiste

Garten-Safari: Denken Sie sich einen Erlebnispfad durch den Garten aus, auf dem Sie die Kinder mit verbundenen Augen entlang führen. Dabei lassen Sie sie barfuß über Gras, Holz und Kieselsteine oder sogar durch eine Pfütze laufen. Alles, was sich interessant anfühlt, gut schmeckt oder besonders riecht, wird eingehend untersucht. Anschließend müssen die Kinder den Weg mit offenen Augen selbst herausfinden – ein echtes Abenteuer!

Blindes Huhn: Reihum werden jedem Kind die Augen verbunden und verschiedene Garten-Fundstücke in die Hände gelegt. Durch bloßes Ertasten sollen die Kleinen die Gegenstände erraten: ein Stückchen Moos, etwas Rinde, Federn, ein Tannenzapfen, ein Schneckenhäuschen, eine Walnuss, eine Rosenblüte. Wer errät am meisten?

1 Die Welt be-greifen.

2 Den Weg mit (fast) allen Sinnen erforschen: Garten-Safari.

3 Mmm, wie das duftet!

Schnuppernasen-Test: Dafür wird der Kräutergarten geplündert. Denn es sind besonders intensiv duftende Gewächse gefragt: Thymian, Zitronenmelisse, Lavendel, Pfefferminze, Eberraute, Petersilie, Salbei – möglichst fein geschnitten und jedes für sich in einem Schälchen. Die Kinder müssen nun schnuppernd herausfinden, zu welcher Pflanze der Duft gehört. Das geht am besten, indem man die Kräuter zwischen den Fingern zerreibt. Dann wird die Duftwolke noch intensiver.

Sommertags-Wandteppich: Vier möglichst gerade, gleich lange und gleich starke Aststücke werden für jedes Kind benötigt. Daraus entsteht, mit Hilfe von Bindebast, ein handlicher, stabiler Webrahmen, zwischen den dünne Bindfäden gespannt werden. Dort hinein lässt sich die Ausbeute eines ganzen Sommertags weben: Samenstände einer geheimnisvollen Pflanze, eine merkwürdige Wurzel, ein Stückchen Schnur, Vogelfedern, aufgefädelte Schneckenhäuschen und was es der Wunderdinge mehr zu finden gibt. Je nach Größe an einen Ast gehängt oder im Beet platziert ist er eine originelle Zierde.

3

Ein Gärtchen für die Sinne

Kreisrund ist dieses kleine Gärtchen, das nicht nur Kindern gefällt. Mit einem Radius von etwa vier Metern braucht es nicht viel Platz und hält trotzdem auf vier – wir Tortenstücke geformten – Beeten viele grüne Überraschungen bereit:
Die Mitte betont ein kleines rundes Wasserbecken, an dessen Rand der Froschkönig als Wasserspeier sitzt. Darüber wölbt sich eine von Kletterpflanzen umgarnte Laube. Damit die Weidenruten auch stabil sind, werden sie nach Korbflechter-Art rundherum oben eingeflochten.

Beet ① hält duftende Blumen und Kräuter für Schnuppernasen bereit: zum Beispiel Lavendel, Schokoladenblümchen, Rosen, Zitronenmelisse, Ziertabak, Nachtkerze ...

Auf Beet ② darf genascht werden: Dort gedeihen Radieschen, Karotten, Zuckermais und Zuckererbsen und unter der Krone eines Stachelbeer-Bäumchens wachsen Monatserdbeeren.

Beet ③ soll hauptsächlich das Auge erfreuen – mit vielen bunten (Sommer-)Blumen. Verschiedene Windräder bringen Bewegung ins Spiel.

Beet ④ beherbergt „Schmeichel-Pflanzen" wie das Hasenschwanz-Gras und eine *Clematis*, die im Herbst schmuseweiche Samen-Puschel bildet. Aber es gibt auch was zu hören – zum Beispiel raschelnde Gräser und Klangwindspiele, denen der Wind hübsche Melodien entlockt.
Trittsteine in den Beeten sorgen dafür, dass man überall gut hinkommt, selbst gesammelte Kieselsteine bilden den festen Rahmen und die Wege sind mit Rindenschnitzel belegt.

1

Tastsinn: hautnah erleben

Zum Lernprozess eines Kleinkindes gehört es, die Dinge mit den Händen buchstäblich zu be-greifen und zu er-fassen. Nur so erfährt es, wie schmuseweich ein Kaninchenfell ist, wie sich Sand anfühlt, wenn er langsam durch die Finger rinnt, und wie viel Spaß es macht, mit beiden Händen in der Erde zu wühlen. Sie können sich mit gut gemeinten Warnungen den Mund »fusselig« reden – auch die unangenehmen Lebenserfahrungen muss Ihr Kind selbst machen. Woher sonst soll es eine Vorstellung davon bekommen, dass man Brennnesseln besser nicht anfasst und dass Feuer heiß ist. Dinge, die einem auf diese Weise klar geworden sind, wird man garantiert nie mehr vergessen!

»Ich fühle mich so glücklich an den Füßen«, sagte ein kleiner Junge aus Gisela Schmeers vorhin erwähntem Buch, als er in einer sonnenwarmen Pfütze stand. Möchten Sie und Ihr Nachwuchs solche Gefühle auch einmal kennenlernen, dann könnten Sie in Ihrem Garten einen **»Barfuß-Erlebnis-Pfad«** anlegen, der zunächst über weiches Gras und federnden Rindenmulch führt und Sie wie auf Wolken wandeln lässt. Weiter geht es danach über harte Kieselsteinchen auf dem Gartenweg hin zum sonnenwarmen Plattenbelag auf der Terrasse, um anschließend im Schatten der Bäume noch über kühles Moos zu wandern. Eine Art »Fußreflexzonen-Massage«, die den ganzen Körper stimuliert.

1 Nur wenige Quadratmeter groß – das Gärtchen für die Sinne. Doch eine Entdeckungsreise lohnt sich!

2 Naturklänge: Solch ein feines Musikinstrument ist schnell gebaut.

Blätter können samtig, wollig oder rau, gerippt oder glatt, seidig oder stachelig, ganzrandig oder gezackt sein. Es gibt **Pflanzenstrukturen**, da kann man gar nicht anders: Man muss einfach mit den Fingern sachte darüberstreifen. Streichelzart ist zum Beispiel das Eselsohr *(Stachys byzantina)*, ein robuster Bodendecker für sonnige Lagen. Die vielen Härchen auf seiner Blattoberfläche sind die Ursache dafür. Und genauso schmuseweich wie es aussieht, fühlt sich auch das einjährige Hasenschwanzgras *(Lagurus ovatus)* mit seinen flauschigen Puschelblüten an.

Kleine Kinder matschen gerne in der **Erde**. Bitte nicht schimpfen! Sie sollten das »Studium« des Bodens vielmehr fördern – es muss ja nicht gerade im Sonntag-Nachmittag-Ausgeh-Dress stattfinden. Aber in eine alte Hose gesteckt, schadet es sicher nichts, wenn Ihr Kind den Unterschied zwischen Sand, Lehm und frischer Komposterde herauszufinden versucht. Ganz ehrlich: Wir erwachsenen Gärtner buddeln doch auch noch immer gerne im Boden herum.

Wärmende Sonnenstrahlen auf der Haut oder auch sanfter Mairegen, ein kühlendes Lüftchen nach einem heißen Tag: Der Garten spendet jede Menge Vergnügen. Hautnah!

Hörsinn: Wer hört das Gras wachsen?

Legen Sie sich doch einmal zusammen mit Ihren Kindern ins Gras und schließen Sie die Augen. Nach ein paar kurzen Minuten konzentrierten Lauschens werden Sie Aufregendes entdecken: Auf einmal ist es gar nicht

mehr allein Nachbars Rasenmäher, den die Ohren wahrnehmen. Plötzlich wird Ihnen auch das Rauschen der Blätter im sanften Wind bewusst. Sie hören das emsige Summen und Brummen fliegender Insekten, ein Vogel raschelt im Laub und von irgendwo her dringt das Geräusch plätschernden Wassers in Ihr Bewusstsein. Eine Heuschrecke zirpt und knirschende Kieselsteine auf dem Weg verraten, dass sich jemand nähert. Wer von den Lauschern am Boden wohl am meisten unterschiedliche Klänge hört? Sie können ja einen kleinen Wettbewerb starten!

Lärm, das ist bewiesen, macht krank. Umgekehrt haben wohlklingende Töne eine heilsame Wirkung. So kann es auch reizvoll sein, den **Spieltrieb des Windes** auszunützen. Er ist nämlich ein ausgezeichneter Komponist, dessen Musik wie Balsam auf Körper und Seele wirkt. Sie entlocken ihm sanfte Musik, indem Sie ein Klang-Windspiel in das Geäst eines Baumes hängen oder mit einer Windharfe am Stab das Blumenbeet verzaubern. Ein leichter Lufthauch, und schon kann das Freiluftkonzert beginnen!

Auch **Regentropfen** sind musikalisch. Sie trommeln am Fenster und bilden einen fröhlich glucksenden Chor in der Dachrinne. Treffen sie bei einem heftigen Sommerschauer auf große Blätter, zum Beispiel von einer Funkie oder der Tafelblatt-Rodgersie, so verursachen sie einen wahren Trommelwirbel.

Sie können sich und Ihre Kinder aber auch mit in das **Naturorchester** einreihen. Am einfachsten ist das Pfeifen auf einem Grashalm, der, zwischen beide Daumen geklemmt, schaurig-schöne, quietschende Töne erzeugt.

Oder wie wär's mit **Blätterbongos**? Bespannen Sie einfache Blumentöpfe in unterschiedlicher Größe mit passendem grünen Blattwerk, eine dünne Schnur oder Bindebast sorgen für den nötigen Halt. Und schon sind sie fertig, die kleinen Krachmacher! Kugelrunde Zierlauchblüten am langen Stiel wären die geeigneten Trommelschlegel dazu. Oder Sie warten einfach auf den nächsten Regen – dann sorgt er für die rhythmischen Klänge auf den Blätterbongos.

Die kleinen Musiker können sich aber auch ein **Xylophon** aus Harthölzern bauen. Das geht so: Über eine Mulde im Boden möglichst gerade Äste legen und darüber die Klanghölzer in unterschiedlicher Länge und mit verschiedenen Durchmessern verteilen. Gibt es gleich mehrere derartige Instrumente im Garten, können die Kinder sich – nach »Dschungel-Art« – Signale geben und Antworten empfangen.

1 Blätterbongos – genau das Richtige für kleine Indianer.

2 Wichtig: Das Gleichgewicht schulen.

2 Immer wieder wartet der Garten mit neuen Überraschungen auf: Sinnliches Erlebnis pur!

Nicht nur der Hörsinn, sondern auch der **Gleichgewichtssinn** hat seinen Sitz im Ohr. Den trainiert ein Kind, wenn es öfter über einen liegenden Balken oder einen Baumstamm balancieren kann. Auch schmale Gartenmäuerchen oder Randsteine am Gehweg sind beliebt, um die Eignung als Seiltänzer zu testen.

Sehsinn: Augen auf!

Rund 40 Prozent aller sinnlichen Erfahrungen nehmen wir über das Auge auf. Und: Kinder sind ausgezeichnete Beobachter, die mit offenen Augen durchs Leben gehen. Ihnen entgeht so schnell nichts! Selbst die kleinen Dinge am Wegesrand, etwa ein schön gefärbtes Kieselsteinchen, eine im Gras schimmernde Kastanie oder ein buntes Herbstblatt erwecken größtes Interesse.

Farbliches Sehen spielt bei den Menschen eine bedeutende Rolle. Kinder lieben in der Regel eher lebhafte, fröhliche Farben, während es die Erwachsenen meist dezenter mögen. Garantiert ihren Spaß haben die Kleinen an bunten Blumen und spiegelnden Glaskugeln am Stab, sie geben die Umgebung lustig verzerrt wieder. Durch Windspiele kommt zur Farbenpracht zusätzlich Bewegung in den Garten, anmutig drehen sich die Windräder in der steifen Brise, und Windsäcke bekommen schon beim geringsten Lufthauch einen dicken Bauch.

Geschmackssinn: Schlaraffenland Garten

Kennen Sie einen Ort, an dem der Himmel voller köstlicher Früchte hängt und man nur noch den Mund zu öffnen braucht? Wo man mit einem Griff knackige Wurzeln ans Licht befördert, die genau so aromatisch duften wie sie schmecken und sogar die Blumen noch essbar sind? Sie denken vielleicht an das Märchen vom Schlaraffenland – für Ihre Kinder könnte es direkt vor der eigenen Haustür liegen. Sie müssen nur dafür sorgen!

So finden Stachel- und Johannisbeerbäumchen selbst im kleinen Garten Platz und eine dornenlose Kletterbrombeere fühlt sich an jeder warmen Hauswand wohl. Süße Zucker-Erbsen umranken den Maschendraht-Zaun klaglos und Walderdbeeren gedeihen sogar in Treppenfugen. Sie könnten Ihre Kleinen an den Blüten von Taglilie und Kapuzinerkresse knabbern lassen und ihnen Sauerampferblätter zum Kauen geben. Dass auch Gänseblümchen fabelhaft schmecken, darauf kommen sie bestimmt ganz von selbst.

Aber achten Sie darauf, dass im Naschgarten **keine giftigen Pflanzen** (siehe Seite 82 f.) zu finden sind. Und bringen Sie Ihren Kindern bei, dass sie grundsätzlich nur solche Gewächse essen dürfen, die sie ganz genau kennen. Prägen Sie ihnen ein, dass sie auf jeden Fall bei einem Erwachsenen nachfragen, falls sie einmal unsicher sind. Dann müssen Sie sich auch keine Sorgen mehr machen, wenn Ihr Nachwuchs in anderen Gärten oder draußen in Wald und Flur spielt, wo Sie ihn nicht unter Ihren Fittichen haben.

Geruchssinn: Immer der Nase nach

Den meisten Menschen ist gar nicht bewusst, welch unmittelbare Wirkung Düfte auf unser Gefühlsleben haben. Düfte verfügen nämlich über einen »direkten Draht« zum limbischen System, dem ältesten Teil unseres Gehirns – Sitz der Leidenschaften und Triebe. Unsere logisch denkende Gehirnhälfte bekommt davon gar nichts mit. So kommt es, dass unglaublich viele Geruchserfahrungen in unserem Unterbewusstsein gespeichert sind, ohne dass wir etwas davon ahnen. Nehmen wir dann ein bestimmtes Aroma wahr, steigen plötzlich Bilder aus längst vergangenen Tagen wieder in uns auf und bringen vielleicht den Duft von frisch gemähtem Heu mit dem Begriff »Sommerferien« in Verbindung.

Im Garten gibt es für unsere Kleinen jede Menge unterschiedlicher Duftvarianten zu erschnuppern.

Nehmen Sie doch zusammen mit Ihren Kindern eine »Duftfährte« in Ihrem Garten auf. Das Motto lautet »immer der Nase nach« – auf der Spur von Blütenparfüm und aromatischen Blättern. Ein süßes Dufterlebnis für kleine Schnuppernasen versprechen Flieder, Pfeifenstrauch, viele Rosensorten, Duftschneeball und Heliotrop. Sie verteilen ihre Wohlgerüche freiwillig und äußerst großzügig. Duftpelargonien, Eberraute, Salbei und Zitronenmelisse sind da weniger freizügig. Bei ihnen muss man erst die Blätter ein wenig zwischen den Fingern reiben, bevor sie ihre Aromen freigeben.

Wußten Sie übrigens, dass es Blüten gibt, die ihre Wohlgerüche erst in der Dämmerung verströmen? Engelstrompete, Nachtviole, Jelängerjelieber, Levkoje, Wunderblume, Ziertabak, Nachtkerze und Resede beginnen ihre Parfümproduktion am intensivsten in den Abendstunden.

3

Geheime Wege

Geheime Wege
und lauschige Ecken

Hier arbeitet die Fantasie auf Hochtouren

Dichtes, grünes Gewirr ringsumher – der Weg führt mitten durch den Dschungel. Blätter, groß wie Suppenteller, manche könnte man sogar als Regenschirme benutzen. Andere erinnern an Lanzen, die für Riesen gedacht sind. Und was raschelt dort hinten im Gebüsch? Vielleicht ein Tiger auf leisen Sohlen? Das dann wohl doch nicht – in unseren Breiten! Aber wenn staunende Kinderaugen mit wilder Fantasie zusammenarbeiten, dann weiß man nie so genau, was dabei herauskommt!

Eines jedenfalls steht fest: Kinder lieben Abenteuer. Sie verstecken sich gerne, um für die Erwachsenen »unsichtbar« zu werden, sie hüten mit Wonne ihre kleinen Geheimnisse, aber sie brauchen auch Geborgenheit und Schutz. Und wo finden sie dies alles besser als in einem grünen Blätter-Dschungel – wo sie nach Herzenslust klettern und Verstecke bauen, Höhlen graben, durchs Unterholz kriechen und ihre Fantasie spielen lassen können?

Wenn der nächste Wald zu weit weg ist, dann schenken Sie Ihren Kindern doch ein eigenes Dickicht, in dem sie »hausen« dürfen, wie es ihnen gefällt, ohne dass die Erwachsenen ständig ein Auge auf sie haben. Wer sitzt schon gerne auf dem Präsentierteller! Wir Großen schließlich auch nicht. Gönnen wir also unseren Kindern ruhig ein wenig Privatsphäre.

Für ein richtiges Stückchen Wald ist auf dem eigenen Grundstück allerdings nur selten Platz. Aber vielleicht ist Ihr Garten groß genug für eine grüne Grenze aus Buschwerk und ein paar Bäumen? Ein Streifen von drei bis fünf Metern Breite reicht für einen kleinen »Wald«, und der dichte, grüne Sichtschutzstreifen bewahrt den Garten sowie die Bewohner vor Verkehrslärm und sorgt für

2

1 Hinter Heckenwänden gut versteckt – ein geheimer Garten.

2 Wilde Ecken lassen Kinderherzen höher schlagen.

3 Fantastische Reise in eine geheimnisvolle Welt.

4 Ein paar Quadratmeter Kinderglück.

3

ein günstigeres Kleinklima in Ihrem grünen Wohnzimmer. Zudem könnten Sie sich über bunte Blüten und eine attraktive Herbstfärbung freuen, und auch Früchte zum Ernten gäbe es bei richtiger Pflanzenwahl zuhauf. Kleine vierbeinige und geflügelte Gartenbewohner hätten einen sicheren Unterschlupf und Nahrung – und die Kinder ihren Spaß.

Welches Gehölz hält Kindern stand?

Wichtig ist, dass der Baum oder Strauch relativ schnell heranwächst und eine passable Größe erreicht, bevor die Kinder aus dem Haus gehen. Vor allem aber sollte er robust sein und sich auch nach rabiater Behandlung durch unseren Nachwuchs schnell erholen, um dann zu neuem Wachstum durchzustarten. Aber vielleicht macht sich das Gehölz auch noch auf andere Weise nützlich?

Biegsame, einjährige **Weidenruten** zum Beispiel eignen sich wunderbar zum Bau eines erstklassigen Verstecks sowie für allerhand Flechtarbeiten. Geeignete Lieferanten dafür sind Korbweide *(Salix viminalis)*, Purpurweide *(S. purpurea)* und Mandelweide *(S. triandra)*. Frisch geschnittene Triebe bewurzeln sich im Frühjahr problemlos, sobald sie in die Erde gesteckt werden, und wachsen zu grünen Iglus, Zelten und Zäunen heran (dazu mehr ab Seite 38). Die **Hasel** liefert Holz für Pfeil und Bogen à la Robin Hood und begeistert mit ihren Nüssen nicht nur die Eichhörnchen. Aus **Holundertrieben** lassen sich exzellente Pfeifchen schnitzen, und Holundersirup und in heißem Fett herausgebackene Hollerkücherl (siehe Seite 114) sind schließlich auch nicht zu verachten. Diesen drei Gehölzen sollten Sie also in Ihrer Wald-Ecke unbedingt ein Plätzchen einräumen.

Zu den schnellwüchsigen und anspruchslosen **einheimischen Sträuchern**, die so einiges wegstecken können, gehören zudem Trauben-Kirsche, Kornelkirsche, Alpen-Johannisbeere, Gewöhnlicher Liguster, Wolliger und Gemeiner Schneeball, Faulbaum, Roter Hartriegel und Weißdorn. Auch einige dekorative **Blütensträucher** werden unseren Anforderungen ohne weiteres gerecht: Flieder, Pfeifenstrauch, auch Falscher Jasmin genannt, Kerrie, Schnee-Spiere, Weigelie und Kolkwitzie nehmen so schnell nichts übel.

Soweit die Strauchzone. Hätten Sie gerne mehr Höhe, dann pflanzen Sie noch ein paar **kleinkronige Bäume** dazwischen. Eberesche, Feld-Ahorn, Wild-Kirsche, Mehl-

4

Bambusdickicht für Nachwuchs-Tarzans

Zu einem beeindruckenden grünen Dschungel von neun Metern Höhe wächst *Phyllostachys viridiglaucescens* heran. Nur wenig darunter bleibt *Phyllostachys nigra* 'Boryana' und nimmt auch rauere Kinderspiele nicht krumm. Beide geben nicht nur ein lauschiges Nest für die Sprösslinge ab, sondern lassen sich auch wunderbar als Sichtschutz verwenden. Allerdings neigen sie dazu, sich – mit Hilfe von Ausläufern – ungehemmt auszubreiten. Wo dies stört, sollte man rechtzeitig an eine Rhizomsperre aus Kunststoff denken, die etwa 70 Zentimeter tief in den Boden versenkt wird.

»Nur« zwei bis drei Meter hoch wächst *Fargesia nitida*, ein graziler Bambus, der ausgesprochen dekorative Horste bildet. Weitere Pluspunkte: Er verträgt Schatten und wuchert nicht so wie seine großen Brüder. Eine Barriere für Ausläufer ist nicht nötig.

Bambus pflanzen Sie übrigens am besten im Frühjahr. Und Vorsicht! Die Triebe lassen sich leicht als Speere missbrauchen! Ihre Freizeit-Indianer sollten also auf die Gefahren hingewiesen werden, die durch unbedachtes Handeln heraufbeschworen werden können.

beere, Baum-Hasel und Holz-Apfel sorgen mit einer zusätzlichen Blätteretage bald recht eindrucksvoll für geheimnisvolle Waldstimmung.

Zum Spielen am schönsten sind freiwachsende **Hecken**, wenn sie an den Rändern zum Garten hin Buchten und Vorsprünge bilden. Das Nonplusultra überhaupt wäre schließlich noch ein geheimer Weg, eine Art **grüner Tunnel**, der durch das Blätterdickicht führt. Eine dicke Schicht Rindenmulch sorgt dafür, dass er nicht gleich wieder zuwächst.

Im Frühling könnten wilde Zwiebelblumen wie Schneeglöckchen, Winterling, Krokus und Hasenglöckchen zusammen mit Primeln und Leberblümchen das noch sonnendurchflutete Dickicht zum Blühen bringen. Ein paar Wochen später sorgen **Stauden** und **Sommerblumen** wie Fingerhut (giftig!), Engelwurz, aber auch Nachtviole und Akelei für bunte Blütentupfer am Rande des inzwischen wieder beblätterten Wäldchens.

Auch die wie eine grüne Schleppe wirkenden Zweige eines einzelnen großen Baumes bieten Kindern Schutz und Geborgenheit. Dafür eignen sich **Hängeformen** mit Ästen, die bis zum Boden reichen, am besten. Sie haben die Wahl zwischen Hänge-Buche *(Fagus sylvatica* 'Pendula'), Trauerbirke *(Betula pendula* 'Youngii'), Hänge-Esche *(Fraxinus excelsior* 'Pendula') und Trauer-Weide *(Salix sepulcralis* 'Tristis'). Doch bis sich so ein natürliches Blätterdach entfaltet und ausreichend »Deckung« bietet, braucht es viel Zeit – vom Platz ganz zu schweigen.

Kletterpflanzen und Hecken für geheime Ecken

Schneller und auf deutlich weniger Quadratmetern kommen Ihre Kinder zu einem lebendigen grünen Häuschen, wenn Sie aus Spaliergittern (selbst gezimmert oder aus dem Baumarkt) eine kleine Laube aufbauen und sie dann bepflanzen. Wild wuchernde Klettermaxe mit üppigem Blattwerk wie Pfeifenwinde *(Artistolochia macrophylla)*, Hopfen, Kletter-Knöterich und Waldrebe *(Clematis tangutica* oder *C. montana)* bilden schnell eine perfekte Tarnung. Noch etwas Buschwerk ringsherum gepflanzt, und fertig ist eine lauschige, heimelige Blätterhöhle, die Kindern Geborgenheit bietet. Wetten, dass sich auch die Großen ab und zu dorthin »verirren«?

Auch mit Hilfe geschnittener Hecken (aus Liguster, Eibe, Buche, Hainbuche, Thuje – wobei Liguster, Eibe und Thuje zu den Giftpflanzen gehören) lassen sich kleine geheime Gartenecken schaffen, in die sich Kinder von der Erwachsenenwelt zurückziehen können. Nur ein schmaler Einschlupf, vielleicht unter einem berankten Blumenbogen hindurch, gewährt Eintritt in das grüne Versteck. Eine kleine Bank, einige alte Stühle oder einfach ein paar Baumscheiben sorgen für die passende Möblierung.

Geradezu magisch angezogen fühlen sich Kinder von solchen verborgenen, geheimnisvollen Orten, wo sie – von den Erwachsenen unbeobachtet – spielen können. Wie langweilig wirkt dagegen ein »Spielplatz von der Stange«!

1

2

Im Märchenwald

So lange man klein ist, steckt die Welt voller Zauber. Wichtelmänner, Baumgeister, Kobolde, Elfen und Feen kommen dann nicht nur im Märchen vor, sie huschen auch durch die Realität. Jedes Kind hat zumindest schon einmal ein Mützen-Spitzchen von ihnen gesehen oder ein geheimnisvolles Stimmchen gehört. Und zwar genau da, wo sich Kinder und jene Märchenwesen am liebsten aufhalten und dadurch natürlich auch zusammentreffen – in verwunschenen (Garten-)Winkeln. Wer Zweifel hat, ob es sie tatsächlich gibt, kann ja versuchen, sie anzulocken.
Das gelingt am besten nach Art des »Lockenten-Tricks«. Echte Elfen zum Beispiel könnten sich vielleicht durch Elfen aus dünnem Blech oder wetterfester Prägefolie (Schreibwarengeschäft!) angezogen fühlen, die man ausschneidet und an einem Bindfaden irgendwo in eine lauschige Ecke hängt.

1 Ein Blätterkleid für Elfen: Rhabarber und Pestwurz zum Beispiel produzieren von Natur aus so riesige Wedel, dass sich ein Kind ohne weiteres damit »einkleiden« kann.

2+3 Solch ein verwunschener Wald ist genau das Richtige für kleine Elfen, Hexen und Zauberer.

Vielleicht findet sich beim Spaziergang im Wald eine knorrige, große Wurzel, bei der man nur ein wenig mit dem Schnitzmesser nachhelfen muss, damit sich ganz deutlich ihr Waldgeist-Gesicht zeigt. Oder mit wetterfester Acrylfarbe einen großen Stein bemalt – schon erblickt ein Troll das Licht der Welt.

Ganz sicher fällt Ihren Kindern noch viel mehr ein, um ihre Waldecke fantasievoll zu bevölkern. Schließlich könnten sie selbst, als Zauberer, Kobold, Hexe oder Fee verkleidet, spannende Abenteuer im Wäldchen erleben. Sollte das alles keine echten Elfen anlocken, dann hatte der Nachwuchs wenigstens ordentlich Spaß dabei ...

3

Trautes Heim

Trautes Heim

Vom Pappkarton über die Bretterbude bis zum Märchenschloss

Vater, Mutter, Kind – Traumhäuser im Miniformat

Nicht nur wir Erwachsenen träumen von den eigenen vier Wänden. Auch Kinder jeder Altersstufe sehnen sich nach einer kleinen Kuschelhöhle, die ganz alleine ihnen gehört. Hier können die Sprösslinge nach ihrer eigenen Fasson glücklich werden und den einengenden Regeln der Großen – für ein paar Stunden – fröhlich spielend entkommen. Niemand stört sie dabei, wenn sie eigene Fantasiewelten aufbauen, heute ein Piraten-Dasein führen, morgen ins Weltall starten und übermorgen Teddy und Püppchen zum Tee einladen. Die ganze komplizierte Erwachsenenwelt lässt sich, unbeobachtet von den Großen, spielend einüben, und selbst die schüchternsten Kinder tauen schnell auf in einem Heim, in dem der Nachwuchs ganz unter sich bleibt, weil XL-Größen einfach nicht hineinpassen. Damit ist klar: Ein solches Refugium fördert Selbstbewusstsein und Selbstständigkeit der Kleinen. Aber auch die Erwachsenen sind für ein paar Stunden »Kinder-Pause« dankbar, wenn es ruhig ist im Haus, man sich keine Sorgen um die Einrichtung machen muss und den Nachwuchs trotzdem gut aufgehoben weiß.

Kinderglück im Pappkarton

Das höchste Glück für die ganz kleinen Häuslebauer scheint ein Pappkarton zu sein – ein möglichst großer, stabiler, so wie er zum Beispiel bei der Lieferung eines Kühlschranks oder einer Waschmaschine anfällt (im Elektrogeschäft nachfragen!). Mit etwas Unterstützung durch die Erwachsenen lässt sich daraus in Nullkommanichts eine richtige »Villa Kunterbunt« basteln, vielleicht auch ein Märchenschloss mit Zinnen aus Pappe und einem aufgemalten Krönchen über dem gotischen Eingangsportal.

Oder wie wär's mit einem Bauernhaus mit Taubenschlag am Giebel und einer Katze neben der Eingangstür? Auch ein kuscheliges Zuhause für die Kleine Hexe mit ihrem Raben Abraxas wäre daraus im Nu gezaubert.

Damit das »Bauwerk« stabil bleibt, muss der Untergrund möglichst eben und selbstverständlich trocken sein. Schalbretter oder eine Transportpalette tun als Basis gute Dienste. Mit Hilfe eines Teppich-Messers erhält das Pappe-Häuschen die nötigen Öffnungen – wobei man immer nur an drei Seiten den Karton tatsächlich durchtrennt. Die vierte Seite wird nur angeritzt, damit Fenster und Türe nicht »aus den Angeln« geraten und bei Bedarf auch wieder geschlossen werden können.

Dies alles geschieht natürlich unter Mithilfe der Eltern – auch das Anbringen der Burgzinnen oder des Satteldachs aus einem weiteren Pappkarton. Die Fassadenmalerei, etwa aus Fingerfarben, ist dann ganz alleine das Vergnügen der Kleinen.

Gut beschirmt

Auch ein alter Sonnenschirm mit zerschlissenem Bezug kann sich durchaus noch als Heimstatt für Kinder nützlich machen. Mit reichlich Gardinentüll umhüllt oder mit grüner Schattierungsplane aus dem Gartencenter behängt, gibt er eine hervorragende Kuschelhöhle ab. Allerdings nur bei schönem Wetter.

Ruhig einmal nass werden darf dagegen der große Schirm mit Wänden, Tür und Fenster (Durchmesser 2,10 m) aus dem Geschäft für Angler-Bedarf. Ein wasserfester Umhang zum Überwerfen macht es möglich. Wenn dann die Regentropfen auf das Dach trommeln, wird es drinnen erst so richtig gemütlich!

1 Lieblingsplatz der Kinder: die selbst gezimmerte Bretterbude.

2 Heute hier und morgen da – transportable Wände aus Stoff-Bahnen.

3 Stoff-Wigwam für kleine Indianer.

4 Kuschelhöhle für die ganz Kleinen: ein Gartentisch und zwei Decken.

Sehr aufwändig gearbeitete Schirme, die mit Hilfe passender, bis zum Boden reichender Persennings (mit und ohne Fenster) in Schirmpavillons verwandelt werden können, hält der Fachhandel bereit. An ihnen haben garantiert Klein und Groß zusammen ihre Freude.

Zelte aller Art

Kinder kommen ständig auf neue Ideen. Ein Bauwerk für die Ewigkeit ist deshalb oft gar nicht gefragt. Heute hier und morgen da, oder mal eine Behausung nur für einen Sommer lang und nächstes Jahr etwas ganz Neues – das ist ganz nach ihrem Geschmack.

Im Nu errichtet ist zum Beispiel ein Zelt. Das kann ein kleines, billiges, extra für Kinder gedachtes sein oder auch das komfortable der Eltern vom letzten Camping-Urlaub. Aber selbst eine Wäscheleinen-Konstruktion – zwischen Bäumen und anderen Haltepunkten gespannt – und

darüber ein paar Laken und alte Decken geworfen, versetzen Kinder in Begeisterung. Mit Hilfe von Zeltheringen, Stöcken oder Steinen wird die Heimstatt aus Stoff am Boden befestigt. Fehlen nur noch Isomatten oder Luftmatratzen, dazu ein paar Schlafsäcke, schon steht dem aufregenden Abenteuer Motto »Übernachten im Freien« nichts mehr im Wege.

Kleiner Indianer-Wigwam

Nachwuchs-Indianer fühlen sich natürlich in einem Wigwam am wohlsten. Der kostet wenig und ist schnell aufgestellt. Ein paar kräftige Buchen-Äste, 2,50 bis 3 m lang, im Kreis aufgestellt und oben zusammengebunden, ergeben das Grundgerüst. Genau so gut geeignet sind Bohnenstangen und Haselruten. Ein paar alte Decken, ein Stück Segeltuch oder eine Schilfmatte bilden darüber eine schützende, blickdichte Haut, die zum Hineinschlüpfen einfach ein Stück zurückgeschlagen wird.

1

Ein **Tipi mit grünem Pelz** aus Blättern braucht natürlich etwas länger, bis es schön dicht ist. Dafür schmückt es sich aber zusätzlich mit Blüten (Glockenrebe, Kletternde Kapuzinerkresse, Schwarzäugige Susanne) oder liefert obendrein Essbares für den Suppentopf, wie dies die robuste, bei Kindern so beliebte Feuerbohne tut. Diese bildet sogar noch in rauen Lagen dichte grüne Blättervorhänge.

Zieht man die einjährigen Kletterpflanzen ab März auf der Fensterbank vor und setzt sie nach den Eisheiligen ins Freie – jeweils drei bis vier Sämlinge pro Zeltstange –, dann ist das Zelt bereits nach gut einem Monat dicht berankt. Was die grünen Klettermaxen dazu brauchen, ist: lockere, mit reifem Kompost gedüngte Erde, weitere regelmäßige Düngergaben aus der Gießkanne, einen ordentlichen Schluck Wasser, wenn es einmal länger trocken bleibt, und zwischen den Stangen gespannte Schnüre, um sich dran hochzuziehen.

Ein **Indianer-Tipi** – mit rundbogigem Eingang und Fensteröffnung – ist mit etwas Geschick auch schnell aus Brettern zusammengezimmert. Vier Dachlatten bilden die Form einer spitz nach oben zulaufenden Pyramide, vier Verbindungsleisten am Boden stabilisieren die Basis. Sind die Kinder groß genug, können sie die sägerauen Schalbretter selbst in Form schneiden und anbringen – wenn nicht, muss eben Papa ran. Die aufgemalten bunten Stammeszeichen in fantasievollen Mustern sind aber auf jeden Fall die Aufgabe der jungen Indianer.

Bretterbuden, Schuppen und Spielhäuser

Kein Witz: Rasenmäher, Gartenwerkzeug und Kinder lassen sich hervorragend Platz sparend miteinander unterbringen. Teilen Sie einfach einen größeren **Geräteschuppen** mit Hilfe einer Trennwand in zwei Hälften, eine Seite nimmt die gefährlichen Geräte auf, die andere dient ein paar Jahre lang als Puppenstube und Räuberhöhle. Bauen Sie eine zweite Türe ein: Durch die große passen Schubkarren und Rasenmäher, eine kleine, nachträglich eingefügt, führt in das Reich der Kinder.

Gekaufte **Spielhäuschen** »von der Stange«, die extra für unseren Nachwuchs angefertigt sind, tun auch gute Dienste und werden in den unterschiedlichsten Stilen und Größen angeboten.

Das Häuschen Marke »Eigenbau«

Fortgeschrittene Hobby-Handwerker können so ein niedliches Kinder-Domizil aber auch selbst entwerfen und zusammenbauen – mit verglasten Fenstern, bunten Vorhängen und einem Blumenkasten davor, Fensterläden zum Auf- und Zuklappen, einer kleinen Hausbank neben der Eingangstür und vielleicht sogar einem umzäunten Gärtchen mit Kräutern, Blumen, Erbsen, Bohnen und anderem, für Kinder unwiderstehlichem Gemüse. Dazu ein mit Kletterpflanzen umrankter Torbogen, der Einlass gewährt – das gäbe doch eine wunderbare Zuflucht ab. Nur zu klein darf das Häuschen nicht sein! Sollen die Kinder es ausgiebig nutzen, müssen schon

1 Puppenstube und Räuberhöhle – ein Gartenschuppen macht alles mit.

2 Kinderglück auf zwei Etagen: eine Leiter führt hinauf ins Schlafzimmer, unten wird gewohnt.

3 Die kleine Laube lehnt sich an das Gartenhaus und ist extra für Kinder reserviert.

ein paar Freunde mit hineinpassen, sonst macht es auf die Dauer keinen Spaß.

Noch etwas: Sobald die Kinder so groß sind, dass man nicht mehr ständig ein Auge auf sie haben muss, ist es für alle das Beste, wenn das Refugium der Sprösslinge in einem ruhigen Gartenwinkel versteckt ist. So lange es zu sehr im Blickfeld der Erwachsenen liegt, werden die Kinder es nicht gerne nutzen. Etwas Buschwerk locker darum herum gepflanzt oder ein Sichtschutz aus berankten Spaliergittern, schon wirkt das traute Heim behaglich und fast ein wenig märchenhaft. Und das Gartenkonzept der Großen wird

2

3

durch die Heimstatt im grünen Versteck auch nicht gestört.

Damit Ihre Bemühungen aber nicht für alle in einer Enttäuschung enden, sollten Sie unbedingt vorher abklären, ob die Kinder solch ein von den Erwachsenen »vorgesetztes« Häuschen überhaupt wollen. Vielleicht beherbergen Sie ja aufstrebende junge Baumeister in Ihrer Familie, die mit Hilfe von Brettern, Stangen, Transportpaletten, Sperrholzplatten, Obstkisten, Dachpappe und jeder Menge Spaß lieber ihre eigene Bretterbude zusammenzimmern wollen. Windschief? Macht nichts, Hauptsache selbst gebaut! Der Ideenreichtum der Kinder ist schier unerschöpflich. Es wird improvisiert und experimentiert, und die fertige Unterkunft sieht in der Regel ganz anders aus, als wir Erwachsenen uns das so vorstellen. Die Schwerkraft und die Normen überlieferter Baukunst spielen bei der Verwirklichung großer Pläne sichtlich eine untergeordnete Rolle.

Sicherheit geht aber trotzdem vor! Die Bretterbude muss so stabil sein, dass sie nicht einstürzt – auch dann nicht, wenn die Kinder auf dem Dach herumturnen. Deshalb sollten die Erwachsenen während der Bauphase unbedingt ein Auge darauf haben und auch auf die Gefährlichkeit hervorstehender Nägel, scharfer Kanten und abstehender Drähte hinweisen. Dabei ist allerdings Diplomatie gefragt, damit der Nachwuchs die gut gemeinten Ratschläge nicht als Einmischung empfindet.

1 Lauschige Laubengänge lassen sich schnell verwirklichen.

Weidenhäuschen und Laubengänge

Viel Vergnügen kann auch ein Hausbau bringen, bei dem Groß und Klein gemeinsam Hand anlegen. Das klappt ganz wunderbar bei einem lebenden Heim aus Weidenruten. Bei frostfreiem Wetter – am besten in der Zeit zwischen November und April – nimmt es schon innerhalb von ein, zwei Tagen die gewünschte Form an. Den Rest erledigt dann Mutter Natur fast von alleine, denn Weiden sind dafür bekannt, dass sie aus praktisch jeder frisch geschnittenen Rute Wurzeln schlagen. Ein weiterer Pluspunkt ist ihre Wüchsigkeit, die dafür sorgt, dass das lebende Häuschen schon im ersten Jahr von einem munter wuchernden Mantel aus Laubwerk umhüllt ist. So zeigt sich die Arbeit der Kinder schnell von Erfolg gekrönt.

Was Sie sonst noch wissen sollten

Die richtige Wahl: Weiden gibt es in vielen Arten und mit sehr unterschiedlichem Aussehen – vom Zwerg-Sträuchlein bis hin zum zwanzig Meter hohen Baum. Für unser Bauvorhaben sind nur Weiden mit biegsamen Trieben geeignet, wie sie Korb-Weide *(Salix viminalis)*, Mandel-Weide *(S. triandra)* und Purpur-Weide *(S. purpurea)* besitzen. Sie lassen sich am besten flechten. Verwenden Sie nur frische Weidenruten, die Sie möglichst sofort verarbeiten, wenn sie bei Ihnen ankommen. Falls Sie sie doch eine Weile lagern müssen, wählen Sie unbedingt einen windgeschützten, schattigen Platz und legen Sie eine feuchte Decke über die Zweige. Wo Sie Weidenruten erhalten, lesen Sie auf Seite 138.

Ein Platz an der Sonne: Das lebende grüne Häuschen entwickelt sich am besten in der Sonne. Steht es zu schattig, wächst der Blätter-Pelz nur spärlich und die Triebe wenden sich einseitig dem Licht entgegen.

Achtung! Weiden haben ein ziemlich »wanderlustiges« Wurzelwerk. Wer sich nicht über verstopfte Kanal- und Dränagerohre ärgern will, sollte unbedingt Abstand halten.

Lückenfüller: Falls die eine oder andere Rute doch nicht ausschlägt – kein Problem! Säen Sie dort ab April einjährige grüne Kletterer wie Feuerbohnen, Glockenreben oder Duftwicken, die die abgestorbene Rute gerne als Turnstange verwenden

Weitere Pflege: Sind die Weiden erst einmal angewachsen, so schieben sie jedes Jahr neue Triebe. Diese sollten Sie regelmäßig einflechten (nicht knicken!). Was zu viel ist, wird abgeschnitten, denn sonst verwandelt sich das Weidenhäuschen unversehens in ein Gebüsch. Schon nach wenigen Jahren ist das Bauwerk so stabil, dass die Kinder darauf herumklettern können.

Einmal Weide – immer Weide?

»Weiden trocknen den Boden aus!« oder »Haben Weiden erst einmal im Garten Fuß gefasst, wird man sie nie wieder los.« Das sind Befürchtungen, die so manchen vom Bau eines Weidenhäuschens abhalten.

Es ist richtig, dass die Gehölze rasch heranwachsen, sich ausbreiten und dem Boden viel Wasser und Nährstoffe entziehen. Aber unsterblich sind sie nicht! Wenn das Häuschen im grünen Pelz später Ihre Gartenpläne stört, können Sie es jederzeit wieder entfernen.

Legen Sie den Boden um die Stämmchen ein paar Zentimeter tief frei und sägen Sie die Weidenruten möglichst etwas unter Bodenniveau ab. Dann planieren Sie die Erde wieder eben an. Der noch ganz weiche Neuaustrieb kann auf diese Weise, am sinnvollsten einmal wöchentlich, problemlos mit dem Rasenmäher abgeschnitten werden. Wenn Sie dies ein paar Wochen konsequent durchhalten, sterben die Weiden ab.

Ein Weiden-Iglu bauen

Natürlich funktioniert das selbe Prinzip auch bei Tipis, Kriech-Tunneln, Laubengängen und Flechtzäunen. Sogar kunstvoll geschwungene Spiralen, ja selbst ein Krokodil mit langem Schwanz – ebenfalls alles aus Weide – könnten im Garten einziehen. Die Möglichkeiten, naturnahe Verstecke für Kinder wachsen zu lassen, sind nahezu grenzenlos!

Für alle, die Lust bekommen haben, ein Weiden-Iglu mit einem Durchmesser von 2–2,50 m und einer Höhe von etwa 1,70 m zu bauen, hier die Bauanleitung dafür.

Material- und Werkzeugliste

- 25 Gerüstruten (2–3 cm Durchmesser, Länge 4,50 m)
- 50 Flechtruten (1–2 cm Durchmesser, Länge 3,50 m)
- 20 m Hanfschnur
- Schubkarre
- Spaten
- Gartenschere
- Messer
- Eisenstange
- Meterstab

- Ordnen Sie die Ruten nach der Länge und entfernen Sie sämtliche Seitentriebe sowie die Rinde im unteren Bereich auf einer Länge von etwa 15 cm. Danach die Ruten für einige Stunden, am besten über Nacht, ins Wasser stellen.

- Wo soll der Mittelpunkt des Weiden-Iglus liegen? Dort schlagen Sie einen Stock in den Boden und befestigen eine Schnur daran, an die Sie eine mit Sand gefüllte Flasche binden. Mit diesem »Gärtner-Zirkel« schlagen Sie nun einen Kreis. Bei einem Durchmesser von 2–2,5 m für das Weiden-Iglu muss die Schnur eine Länge von 1–1,25 m erhalten.

- Mit dem Spaten heben Sie nun einen etwa 25 cm tiefen Pflanzgraben aus. Für den Eingang wird ein etwa 60–80 cm breites Stück ausgespart. Den Aushub außerhalb des Kreises deponieren! Im Abstand von etwa 20 cm werden nun mit Hilfe einer Eisenstange ungefähr 15 cm tiefe Löcher in den Boden getrieben. Dort hinein stecken Sie die stärkeren Gerüstruten.

- Einander gegenüber liegende Ruten werden so miteinander verflochten, dass der Scheitelpunkt des Iglus etwa eine Höhe von 1,70 m erhält. Sichern Sie das Flechtwerk links und rechts 1 m hinter dem Scheitelpunkt mit einem Stück Schnur und schneiden Sie die überstehenden Rutenenden weg.

- Zu jeder Gerüstrute werden nun direkt in das Bohrloch – im Winkel von ungefähr 45 Grad – zwei dünnere Flechtruten gesteckt und anschließend diagonal in die Gerüstruten eingeflochten. Den Eingang aussparen! Gucklöcher in der Wand können ganz nach Belieben frei bleiben.

- Verbessern Sie die ausgehobene Erde mit reifem Kompost und füllen Sie den Pflanzgraben damit auf. Die Erde gut festtreten, kräftig wässern und die nächsten Wochen feucht halten.

Ein Häuschen im Baumgeäst

Sind die Kinder schon ein wenig größer, wollen sie am liebsten hoch hinaus. Von einem gemütlichen Nest ganz oben im Baum, inmitten raschelnden Blattwerks, davon träumen sie alle, wenn sie so zwischen sieben und vierzehn Jahre als sind. Hier kann man die Welt in Ruhe von oben betrachten, ohne selbst entdeckt zu werden.

Doch zuerst einmal heißt es, einen passenden Baum zu finden. Das ist gar nicht so einfach, muss er doch einige wichtige Bedingungen erfüllen, damit ihm das Prädikat »Sicherer Haus-Baum« verliehen werden kann.

Das allerwichtigste ist, dass er erwachsen und rundum kerngesund ist. Zeigt sich irgendwo abgestorbenes, kahles Astwerk? Dann ist der Prüfling bereits durchgefallen! Auch Baumarten, die für ihr brüchiges Holz bekannt sind, etwa Pappel und Robinie, kommen von vornherein nicht in Frage. Pluspunkte sammeln dagegen »baumstarke« Arten mit tragfähigen Ästen, wie zum Beispiel Eichen, Linden und große Apfel- oder Birnbäume.

Zusätzlich tauchen viele Fragen auf: Ist genügend Platz in der Krone des grünen Kandidaten? Sind die Äste ausladend genug, um ein kleines Häuschen aufzunehmen? Und wenn ja, liegen die passenden Astgabelungen womöglich in solch Schwindel erregender Höhe, dass die Eltern keine ruhige Minute mehr haben, so lange der Nachwuchs dort oben herumturnt?

Der Baum darf nicht leiden

Ist der geeignete Baum gefunden, bietet sich als Plattform für das Domizil in luftiger Höhe eine stabile Transportpalette an. Sie wird so eingepasst, dass sich das Gewicht des Häuschens auf mehreren Äste möglichst gleichmäßig verteilt. Und dort, wo die Palette am Baum aufliegt, muss mit Gummi oder Filz abgepolstert werden, sonst kommt es zu offenen Scheuerstellen, an denen Fäulniserreger leichtes Spiel haben.

Damit der Baum kein Schwergewicht stemmen muss, sollte das »Wolken-Kuckucksheim« möglichst leicht ausfallen. Wände und Dach aus wetterfestem Sperrholz helfen, Gewicht einzusparen. Diagonalverstrebungen sorgen für die nötige Stabilität, und Dachpappe schützt die Baumhaus-Konstruktion vor Nässe.

Wollen die Kinder selbst als Baumeister tätig werden, kommen sie am besten mit Profilbrettern zurecht, die Stück für Stück ineinander gesteckt werden und auf diese Weise langsam aber sicher zu einer Wand »heranwachsen«. Unkompliziert zu bauen und ein echtes Fliegengewicht ist ein Häuschen mit Segeltuchwänden. Eine hübsche, schnell realisierte Alternative!

1 Fantasievoll und doch sicher: Baumhaus-Variationen.

1

Vermeiden Sie unbedingt, den Baum mit Nägeln und Schrauben zu traktieren. Auch einschnürende Drahtschlaufen sind tabu. Kunststoffseile, oder besser noch, geflochtene Kokosstricke, die am Stamm und an den Ästen festgezurrt werden, halten das Häuschen in der vorgesehenen Lage. Weil Vertrauen gut, Kontrolle aber weitaus besser ist, sollten Sie diese alljährlich im Frühjahr auf ihre Stabilität überprüfen. Und passen Sie auf, dass die Seile nicht in die Rinde einwachsen.

Kein geeigneter Baum vorhanden?

Doch in welchem Garten gibt es schon geeignete Bäume? Oft ist das Grundstück einfach zu klein für einen grünen Riesen. Vielleicht sind die vorhandenen Exemplare auch schief gewachsen oder einfach noch zu jung für so viel tragende Verantwortung.

Die Lösung: eine selbsttragende Konstruktion. Hier wird das Häuschen kurzerhand an oder um einen Baum oder auch zwischen zwei Bäume gebaut. In diesem Fall übernehmen stabile Pfosten, etwa 60 cm tief in der Erde verankert, die tragende Rolle. Die Baumkrone hat nur noch die Aufgabe, das Häuschen dekorativ mit Blattwerk zu umhüllen.

Fehlt jedoch für das Baumhaus der Baum, dann stellen Sie das Häuschen, nach Art eines freitragenden Jägerstandes, eben auf vier Stelzen und lassen Kletterpflanzen, zum Beispiel Hopfen oder Clematis, dran hochklimmen. Unten umschmeicheln blühende Sträucher die »Beine« und oben ist die Aussicht hervorragend. Auch ganz ohne Baum!

Tipps und Tricks beim Baumhaus-Bau

Abstand halten! Weil sich der Baum im Wind bewegt und Äste scheuern, sollte zwischen Wand, Dach und Zweigen möglichst einige Zentimeter Luft sein.

Sicher ist sicher: Befindet sich das Häuschen in mehr als einem Meter Höhe, braucht es vor der Türe eine zusätzliche Spiel-Plattform nebst Geländer (mindestens 70 cm hoch). Damit die Kinder sich aber nicht etwa den Kopf einklemmen, darf der Zwischenraum bei senkrechten Sprossen nicht größer als 10 cm sein. Auch bei waagrecht angebrachten Brettern sollten Sie an geeignete Abstände denken. Hat das Baumhaus eine Tür, darf sie nur nach innen zu öffnen sein.

Auf und ab: Beim Klettern passieren die meisten Unfälle. Jeder will der erste sein, es wird gedrängelt und geschubst. Mehr Sicherheit bietet deshalb eine stabile Treppe mit seitlich angebrachtem Geländer. Leitern dürfen nicht steiler als in einem Winkel von 60 Grad stehen. Unter der Leiter sorgt eine dicke Schicht Rindenmulch für eine weiche Landung, falls doch einmal ein Kinderfuß ins Leere tritt. Gibt es kleine Kinder, die nach Meinung der Eltern noch nicht fit genug für höhere Regionen sind, sorgt eine abnehmbare Leiter für Sicherheit. Größere Kinder haben an einer hochziehbaren (Strick-)Leiter ihren Spaß. So ist das Häuschen vor »Feinden« sicher und kann nicht gestürmt werden. Eine Rutschbahn, an der Plattform des Häuschens angebracht, sorgt für einen raschen und sehr vergnüglichen Abgang.

Kletterkünste: Kletterseile, Strickleitern, eine Schaukel oder auch Kletternetze bringen jede Menge Spaß und erhöhen die Attraktivität des Baumhauses zusätzlich.

1 Von solch einem »Wolkenkuckucksheim« träumen alle Kinder: Man kann die Welt sicher und in Ruhe betrachten und sich frei wie ein Vogel fühlen.

Auf Sand gebaut

Auf Sand gebaut

Kinder buddeln mit Begeisterung, deshalb: Sand muss sein!

1 Damit aus dem Sandplatz keine Wanderdüne wird, ist ein fester Rahmen wichtig.

2 Wasser + Sand = Matsch. Und den lieben alle Kinder.

3 Auch lehmige Erde eignet sich bestens zum Formen und Kneten.

4 Sandkiste »Marke Eigenbau«. Unten wird vor Regen sicher im Sand gespielt, oben hat man den Überblick.

Burgen mit Türmchen und Zugbrücke …

… schiffbare Kanäle, der Nürburgring, Zugspitze und Mount Everest, ein Bauernhof mit Scheunen, Ställen und vielen Tieren, Höhlen zum Wohnen – dies alles und noch viel mehr nimmt durch Sand, Fantasie und geschickte Kinderhände Gestalt an. Dabei haben die gewieften Baumeister und Konstrukteure alle einmal ganz klein angefangen – als Kuchenbäcker nämlich.

Wer je beobachtet hat, mit welcher Hingabe schon Zwei- und Dreijährige, mit Förmchen, Eimer, Rechen und Schaufel ausgerüstet, Sandtorten aller Art produzieren, ist überzeugt: Hier wird ein grundlegendes Bedürfnis befriedigt! Und selbst wir Großen können der Versuchung kaum widerstehen! Das Ganze nur äußerst notdürftig als »Nachhilfe-Unterricht« für die Sprösslinge getarnt, stürzen auch wir uns begeistert auf Schaufel und Sand, um wieder einmal wie in Kindertagen ausgiebig zu buddeln. Besonders im Urlaub am Meer kann man Scharen von Vätern beobachten, wie sie mit dem Nachwuchs hingebungsvoll Sandburgen bauen, die natürlich unvergleichlich viel schöner sind als die vor dem Nachbar-Strandkorb.

Aber das Material Sand ist auch einfach zu verlockend. Es rieselt zwischen den Fingern, lässt sich in beliebige Formen pressen, mit den Händen kneten, zu Brei verrühren, es kann trocken oder nass, an der Oberfläche glühend heiß und gleich darunter angenehm kühl, leicht oder schwer sein. Es ist nicht teuer, problemlos zu beschaffen und es findet sogar auf dem kleinsten Balkon Platz. Mit anderen Worten: Sand muss sein!

So bauen Sie einen Sandkasten

So lange die Kinder noch klein sind, ist der beste Platz für einen Sandkasten möglichst nah am Haus – etwa direkt vor die Terrassentür oder vor das Küchenfenster gerückt. Damit haben Sie Ihre Sprösslinge zu Ihrer Beruhigung ständig im Auge.

Derart unvermittelt vor die Nase gesetzt, sollte der Sandkasten nicht nur die Kleinen begeistern, sondern auch optisch etwas hermachen. Exemplare aus Kunststoff sind zwar unverwüstlich, aber dafür in den Farben ziemlich schrill. Damit tragen sie nicht gerade zur Verschönerung Ihrer Terrasse bei. Wesentlich attraktiver sehen hölzerne Sandkästen aus.

3

Selbst wer zwei linke Hände hat, kann so eine Buddelkiste leicht selbst zusammenzimmern. Vier Bretter von etwa 35 cm Höhe und 4 cm Stärke bilden die Seitenwände des viereckigen Kastens. Über jeder Ecke wird abschließend noch ein dreieckig zugeschnittenes Brett angebracht – als praktische Sitzgelegenheit für die Kleinen.

Auch eine Einfassung aus Palisadenhölzern, aus Ziegeln oder Naturstein hindert den Sand daran, sich nach Art einer Wanderdüne im Garten auszubreiten. Der Aufwand dafür aber ist deutlich größer und damit auch etwas teurer. Für geräumigere Sandmulden wären auch liegende Stammabschnitte als Abgrenzung geeignet, die die Kinder gleich zum Sitzen nutzen könnten. Verwenden Sie dafür aber nur Holz von Laubbäumen, weil es nicht harzt. Nahezu »ewig« hält Robinienholz, das besonders wetterbeständig ist.

Schutz vor Sonne, Regen und Wind

Damit Ihre Kinder beim Spielen nicht in der Sonne braten, muss für Schutz gesorgt werden. Geeignet wären ein **Sonnenschirm**, ein aufgespanntes **Sonnensegel** oder ein kleinkroniger **Laubbaum**, der lichten Schatten spendet – falls es Ihnen nichts ausmacht,

4

dass Sie dann im Herbst sein Falllaub aus dem Sand harken müssen.

Gegen ungebetene vierbeinige Gäste, die den Sand als Toilette missbrauchen, hilft eine **Abdeckung**. Wenn diese zugleich auch noch regendicht ist, kann der Lieblings-Spielplatz unserer Kleinen selbst nach längerem Schmuddelwetter gleich wieder genutzt werden.

Wer den Aufwand für einen Sandkasten Marke »Eigenbau« scheut, kauft einfach eine **fertige Buddelkiste** aus Holz im nächsten Baumarkt. Die werden inzwischen mit allen Schikanen angeboten, etwa mit einer wetterfesten Abdeckhaube, die sich, an vier Eckpfosten nach oben geschoben oder gekurbelt, als Sonnendach entpuppt.

1 Ist genügend Sand da, beschäftigen sich auch größere Kinder gerne als Baumeister.

Schutz bei einem kurzen Regenguss bietet sie natürlich auch. Aber dafür gibt es dann sogar noch etwas besseres: eine Art **Häuschen zum Sandspielen**. Ein Holzgerüst mit Giebeldach bildet den Rahmen, darüber spannt sich eine wasserdichte Plane mit aufrollbaren Seitenwänden. Ob Sonne oder Regenschauer, die Kleinen sind darunter gut aufgehoben.

Kinder spielen zwar auch gerne alleine im Sand, aber im Verein mit anderen ist alles noch viel lustiger. Deshalb ist ein **größerer Sandplatz**, in dem gleich mehrere Kuchenbäcker und Burgenbauer in Aktion treten können, auf Dauer viel beliebter. Weil Sand jedoch – an den Schuhen klebend, aus der Kleidung rieselnd und vergnügt herumgeschleudert – dazu neigt, sich wüstenartig auszubreiten und dabei auch vor der Terrassentür nicht Halt macht, ist es besser, das Ganze in den hinteren Gartenteil zu verlagern, sobald der Nachwuchs groß genug dafür ist. Dort könnte man vielleicht auch gleich mehr Platz erübrigen und den Sandkasten, mit anderen Spielgeräten kombiniert, zu einer Art **Sandlandschaft** erweitern. Selbst größere Kinder fühlen sich davon magisch angezogen.

Wasser + Sand = Matsch

Wir Erwachsenen wünschen uns einen fertigen Garten, unsere Sprösslinge finden nichts langweiliger als das. Deshalb wäre eine eigene Kinderecke ideal, in der alles erlaubt ist, was Spaß macht: eine Art »Dauerbaustelle« mit viel Sand zum Wühlen, Matschen, Löcher graben, mit Baumstämmen und Steinen zum Sitzen und womöglich mit einem Erdhügel für abenteuerliche Rutschpartien. In dieser Sandlandschaft sollte auch ein gemütliches »Nest« aus Weidenruten (siehe Seite 38) nicht fehlen. Mit der Zugabe von Wasser ist das Kinderglück schließlich perfekt. Denn daraus lässt sich die beim Nachwuchs so beliebte Formel ableiten:
Wasser + Sand = Matsch und Vergnügen.

Ist weniger Platz vorhanden, reicht für kleine Baumeister schon ein halbiertes, wasserdichtes Holzfass, ein Trog oder eine Mörtelwanne, um das kostbare Nass zu bergen. Für jede Menge Spaß sorgt natürlich auch ein Planschbecken. Falls Sie einen eigenen Brunnen besitzen, der mit Grundwasser gespeist wird, oder wenn Sie eine Zisterne als Regenwasserspeicher haben, dann könnten Sie eine Schwengelpumpe installieren, wie man sie manchmal in alten Schrebergärten sieht. An ihr kommt garantiert kein Kind vorbei, ohne mit den entsprechenden Armbewegungen wenigstens etwas Wasser ans Tageslicht zu befördern. Dazu noch eine Rinne aus Beton, um das Wasser zu leiten und anschließend in einer größeren Mulde aufzufangen – das wäre natürlich Vergnügen pur. Ein eingebauter Abfluss sorgt dafür, dass sich das Ganze auch wieder trockenlegen lässt. Eine einfache Rinne aus Brettern oder eine alte Dachrinne tun es natürlich auch. Ist kein Brunnen vorhanden, genügt aber auch ein Wasseranschluss inklusive Gartenschlauch, um das kostbare Nass in die Sandecke zu befördern. Und schon kann das große Matschen beginnen!

Das Sandspiel-Einmaleins

Sand ist nicht gleich Sand! Verfärbte Kleidung ist ein unübersehbares Zeichen: Sie haben Bausand mit einem hohen Lehmanteil erwischt. Genauso wenig zu empfehlen ist Quarzsand. Er verklebt in feuchtem Zustand kaum und ist damit zum Matschen und Kneten nicht geeignet. Verwenden Sie möglichst nur hellen Spielsand mit einer Korngröße bis 2 mm, der speziell für den Gebrauch im Sandkasten angeboten wird. Er ist im Baustoffhandel erhältlich.

Alle Jahre wieder ..., am besten gleich im Frühjahr, sollten Sie den gebrauchten Sand gegen frischen austauschen.

Auf den Grund gegangen: Damit sich der Sandplatz nicht unversehens in einen Sumpf verwandelt, ist ein guter Wasserabzug wichtig. Bleibt Sand ständig feucht, entwickelt er sich leicht zum Nährboden für allerhand Unappetitliches. Wenn der Untergrund gut durchlässig ist und der Sandkasten nicht gerade in einer Mulde liegt, genügt es bereits, ein Filtervlies aus Polyester unter der Sandschicht auszubreiten. Es lässt das Wasser ablaufen und verhindert gleichzeitig, dass sich Sand und Boden mit der Zeit vermischen. Zeigt sich der Boden feucht, ist eine zusätzliche 20-25 cm starke Sickerschicht aus grobem Schotter unter der Vliesschicht unerlässlich.

Katzen und Hunde: Damit der Sandplatz nicht von Vierbeinern verunreinigt wird, ist eine Abdeckung nötig. Am besten eignet sich eine, die größere Kinder selbst entfernen und nach dem Spielen leicht wieder darüber ziehen können. Praktisch für einen kleinen viereckigen Sandkasten ist ein einfacher Lattenrahmen, der mit Kaninchendraht bespannt ist. Auch eine Kunststoffplane, ein Vogelschutznetz, dessen eigentliche Aufgabe das Umhüllen von Beerensträuchern ist, oder eine Schilfmatte verhindern, dass ungebetene Gäste an den Sand herankommen. Wenn nötig, müssen die Ränder zusätzlich mit Steinen beschwert werden.

Für größere Dimensionen ist eine Vliesabdeckung praktisch. An zwei gegenüberliegenden Seiten jeweils an ein Rundholz getackert, kann es wie ein Teppich einfach aufgerollt werden, wenn die Kinder in Spiellaune sind. Wieder zurück gerollt ist es nach dem Spielen fast noch schneller.

1 Prima, dieser Sandtisch, eine ganze Tierschar findet hier Platz!

2 Wasser muss sein! Notfalls wird es eben mit Kübeln herangeschleppt.

Feuchte Zauberwelt
Über die Magie des Wassers

Vom Plantschen, Schwimmen und Entdecken

Wasser ist für Kinder Vergnügen pur. Es plätschert, murmelt, gluckst, es perlt auf der Haut, tropft aus den Haaren, prasselt auf den Regenschirm, pladdert auf dem Handrücken, strudelt im Gully, quatscht in den Schuhen. Es spritzt und sprüht in silbernen Fontänen, bildet glitzernde Wellen, spiegelt Himmel, Erde und neugierige kleine Gesichter und bildet geheimnisvolle, dunkle Welten, die mit seltsamen Lebewesen bevölkert sind. Wasser belebt und erfrischt an heißen Sommertagen und trägt Bötchen genauso wie zweibeinige Wasserratten. Zudem ist eine Kombination von nassem Element und Sandkasten für Nachwuchs-Kuchenbäcker und künftige Staudammexperten das absolut Höchste.

Kurz und gut: Ein Garten, der unseren Sprößlingen Spaß machen soll, kommt ohne Wasser einfach nicht aus. Selbst wenn der Vorrat an trockener Kinderkleidung dann im Nu zusammenschrumpft.

Von der kleinen Wasserwelt mit Sumpf-Schwertlilien und blühenden Seerosen, dem fröhlich plätscherndes Bächlein oder einem Schwimmteich direkt vor der Terrassentür träumt wohl jeder. Doch der Mini-Garten oder ein leerer Geldbeutel lassen solche Träume oft wie Seifenblasen zerplatzen. Das ist aber kein Grund zur Traurigkeit! Jede Menge Spaß mit dem feuchten Nass lässt sich auch mit einfachen Mitteln und auf wenig Platz erleben.

1 »Wasser marsch!« ist die Devise!

2 Spritzige Idee: Der Gartenschlauch macht's möglich!

3 Selbst vierbeinige (Gummi-)Wasserfrösche lieben das kühle Nass.

4 Kühlung aus der Flasche!

5 Für eine ausgelassene Wasserschlacht ist selbst in der kleinsten Wanne Platz.

2 3
4 5

1 Was für ein Spaß! Schnell eine Folie ausgelegt, mit dem Schlauch kräftig gewässert – und schon kann es losgehen!

2 Auf der nassen Kunststoff-Haut lässt es sich herrlich herumrutschen.

3 Kleine Kinder sind am besten in einem Planschbecken aufgehoben. Allerdings: Aufsicht muss sein!

Wasser marsch!

So heißt die Devise an heißen Sommertagen. Ist eine kleine Abkühlung gefällig, dann erweisen sich ein schlichter **Gartenschlauch** mit Brausekopf oder der **Rasensprenger** als ideale Wasserspender, die zu stundenlangen feuchten Spielen anregen. Beim Nachwuchs heiß begehrt ist auch die **Wasserschaukel**, denn selbst bei größter Hitze sorgt sie für neuen Schwung. Und sie ist schnell verwirklicht: Ziehen Sie einen alten Wasserschlauch einmal rund um den Rahmen der Kinderschaukel, binden Sie ihn fest und bohren Sie mit dem Schraubenzieher Löcher hinein. Dann wird der Schlauch am Wasserhahn angeschlossen, das Wasser aufgedreht und – in Deckung gegangen! Denn schon spritzt das nasse Vergnügen aus dem löchrigen Schlauch in sämtliche Richtungen.

Sonnige Ferientage können auch mit Hilfe einer möglichst großen und stabilen **Kunststoffplane** zum unvergesslichen Erlebnis für kleine Wasserratten werden. Einfach, effektiv und preiswert ist diese »Rutsche«. Sie ist schnell gebaut und verspricht ein rasantes Vergnügen. So einfach geht es: Die Plane auf dem Rasen ausbreiten und mit dem Gartenschlauch ordentlich wässern. Dann lässt es sich darauf herrlich herumflitzen, -glitschen und -rutschen, fast wie auf Schmierseife. Der absolute Höhepunkt der feuchten Gaudi wird erreicht, wenn die Kinder über eine selbst gebaute Wasserrutsche (bereits vorhandene Rutschbahn plus aufgedrehter Wasserschlauch) auf der Plastikplane landen. Ein feuchter Spaß, mit dem sich unser Nachwuchs stundenlang amüsieren kann.

Hinein ins nasse Vergnügen!

Platz ist in der kleinsten Wanne. Wer keinen Swimmingpool zum Abtauchen hat, für den reicht auch – zumindest so lange er noch klein ist – ein Mörtelkübel aus dem Baumarkt, eine halbhohe Regentonne oder ein Planschbecken. Das Nass in diesem **Mini-Pool** erwärmt sich im Nu. Und wenn nötig, helfen zwei bis drei Extra-Gießkannen mit heißem Wasser noch ein wenig nach.

Auch in einem eigens für sie gebauten kleinen **Spiel-Teich** mit einer Tiefe von 20 bis 25 Zentimetern können Kinder den ganzen Sommer lang planschen. Hierfür dichten Sie mit stabiler schwarzer Teichfolie aus dem Baumarkt eine flache Kuhle ab und füllen sie mit Wasser. Ein sanft abfallender »Strand« aus bunten Kieselsteinen verleiht ihr ein natürliches Aussehen und sorgt dafür, dass die Kleinen langsam und vorsichtig in den Teich hinein waten. Sie müssen Ihren Sprösslingen nur noch beibringen, dass in der verletzlichen »Haut« des Teiches nicht herumgestochert und -gebohrt werden darf. Sonst ist es mit dem Badevergnügen schnell vorbei.

2

Inzwischen werden auch **Schwimmteiche** immer beliebter. Wieviel schöner ist es doch, in einem natürlich angelegten Teich zu baden als in einem gechlorten und sterilen Becken seine Bahnen zu ziehen. Bei Schwimmteichen wird der tiefere, pflanzenfreie Badebereich von einer so genannten Regenerationszone umschlossen. Hier sorgen Wasserpflanzen auf ganz natürliche Weise für sauberes, klares Wasser. Und so steht ausgelassenen Badeorgien nichts im Weg. Mit Kindern im Schulalter, die bereits gut schwimmen können, und einem verfügbaren Platz von mindestens 50 Quadratmetern lohnt sich die Anlage.

Ungefährlicher Wasserspaß für Knirpse

Für kleine Kinder stellt bereits ein flaches Planschbecken eine Gefahrenquelle dar! Deshalb sollten Sie Ihren Nachwuchs beim Baden nicht aus den Augen lassen, vorsichtshalber am Ende eines Planschtages das Wasser ablassen und den Mini-Pool bis zum nächsten Badetag bei Seite räumen.

Die flache **Schale**, eigentlich als Vogelbad gedacht, oder ein altes Spülbecken sind jedoch auch für unsere Jüngsten völlig harmlos. Gefüllt mit bunten Kieselsteinen und Muscheln, die keine scharfen Kanten haben und groß genug sind, dass sie nicht verschluckt werden können, inspirieren zu allerhand nassen Späßen. Auch ein sprudelnder **Mühlsteinbrunnen** birgt jede Menge feuchte Unterhaltung. Hier dürfen selbst kleine Kinder ungestört spielen, ohne dass die Erwachsenen ständig auf der Hut sein müssen. Der Wasservorrat, aus dem der Quellstein gespeist wird, befindet sich für Kinder nicht erreichbar in einem geschlossenen Behälter unter der Erde. Komplett-Sets hierfür finden Sie in großen Gartenmärkten, und auch eine Reihe anderer Brunnen funktioniert nach diesem Prinzip.

Wasser in Bewegung hat für Kinder und Erwachsene doppelten Reiz: sichtbaren und hörbaren. Bereits bei wenig Gefälle lässt sich mit Hilfe einer Umwälzpumpe problemlos ein **Bächlein** im Garten anlegen. Hierfür sind fertige Komplett-Systeme in vielen Varianten im Handel erhältlich. Damit alles möglichst natürlich wirkt und sich schön in den Garten einfügt, werden Kieselsteine und größere Findlinge in die Randzonen eingebaut, um die unschöne Kunststoffhaut zu verdecken. Bald kann der Nachwuchs völlig gefahrlos planschen, Blätter und kleine Boote fahren lassen. Am Ende seiner Reise im »Tal« angekommen, verschwindet das Wasser im versenkten Reservoir, wird gefiltert und im geschlossenen Kreislauf wieder nach oben gepumpt. Es gibt übrigens eine wissenschaftliche Studie, die beweist, dass die

3

1

vor der Haustüre öffnet sich ihnen eine ganz neue wundersame Welt voller abenteuerlicher Geschehnisse. Und das Schöne daran: Sie ist mit wenigen Schritten zu erreichen. Ausgestattet mit einem engmaschigen Käscher, Einmachglas und Lupe sind die angehenden Naturforscher für die Unterwasserjagd im Uferbereich gut gerüstet.

Kinder ab zehn Jahren kommen im Allgemeinen bereits mit einer etwas aufwändigeren **Lupe** mit mehreren Linsen und einer bis zu zwanzigfachen Vergrößerung gut zurecht. Für die Jüngeren empfiehlt sich eine **Becherlupe** mit Luftlöchern, in der sich die lebende Beute ausgiebig und in Ruhe begutachten lässt, bevor sie wieder in die Freiheit entlassen wird.

Luft in der Nähe bewegten Wassers mit negativen Ionen aufgeladen ist. Das klingt zwar nicht so, ist aber ausgesprochen positiv, denn die negativen Ionen reinigen die Luft und heben die Stimmung. Auch das muntere Murmeln und Glucksen eines Bächleins stimmt fröhlich und klingt wie Musik in unseren Ohren.

Fasziniert zeigt sich der Nachwuchs auch von **Wasserspeiern** aller Art. Ob Froschkönig mit golden schimmerndem Krönchen oder Wassermann, dem das feuchte Nass bis zum Hals steht und der auch noch aus dem geöffneten Mund blubbert – kein Kind kommt mit trockenen Ärmeln dran vorbei. Schließlich muss man ja genau untersuchen, wie die Sache funktioniert. Wer kleine Kinder hat und ganz auf Nummer sicher gehen will, wählt einen Wandbrunnen, der außer Reichweite der wissensdurstigen Knirpse angebracht wird. Tiefere Brunnenbecken am Boden füllen Sie am besten mit bunten Kieseln auf.

Kleine Entdecker

Bei Kindern im Schulalter läuft der Forscherdrang auf vollen Touren. Sie wollen Wasserläufer bei der Jagd beobachten und zusehen, wie die schillernde Libelle ihre Larvenhaut am Schilf abstreift. Sie fangen Wasserflöhe – das sind winzige Krebschen mit gefiederten Antennen am Kopf – Kaulquappen und Gelbrandkäfer und ergründen das geheimnisvolle Leben der Wasserspinnen. Mit dem Teich direkt

2

Ein Teich für die Naturforscher

Größere Teiche werden in der Regel als **Folienteiche** angelegt. Wunderbar ist ein hölzernen **Steg**. Von dort aus kann man die aufregende Wasserwelt aus nächster Nähe erleben und beobachten, dem Spiel der Wellen zusehen oder einfach faulenzen und ein Sonnenbad nehmen. Auch große **Trittsteine** im – flachen! – Wasser können Kinder entzücken und zu schier unerschöpflichen Ideen zum Thema »Sport – Spiel – Spannung« anregen. Große Findlinge sind auch zum Sitzen gut geeignet. Um Verletzungen der Teichfolie durch scharfe Kanten vorzubeugen, sollten Sie die Steine nie direkt darauf legen, sondern für eine isolierende Zwischenschicht sorgen. Bierkästen eignen sich zum Beispiel wunderbar, um die schweren Steinplatten zu tragen. Denn sie sind ausgesprochen stabil und verrotten im Wasser nicht.

Allerdings: Schwimmen sollte Ihr Kind unbedingt können, ehe Sie ihm diese enge Tuchfühlung mit dem nassen Element ohne Aufsicht erlauben. Und versäumen Sie nicht, Ihre eigenen und die Nachbarskinder frühzeitig und immer wieder auf die Risiken am Wasser hinzuweisen – von den glitschigen Ufersteinen angefangen bis hin zur Gefahr, die eine dünne Eisfläche im Winter birgt.

1 Segelregatta im Mini-Teich: Im nicht mal kniehohen Wasser lässt es sich wunderbar spielen.

2 Auch ein sprudelndes Bächlein gibt eine herrliche Rennstrecke für Boote ab.

3 Für ältere Kinder darf die Wasserwelt schon ein paar Nummern größer sein.

3

Man kann seine Wasserwelt aber auch in einer **Fertigschale aus Kunststoff** entstehen lassen, die es in großer Auswahl in Gartencentern und Baumärkten zu kaufen gibt. Diese ist leicht einzubauen und steckt auch Püffe der Kinder gut weg, ohne Schaden zu nehmen. Beim Ausheben des Bodens hilft am besten noch der Papa, weil hier Muskelkraft gefragt ist. Das Einpassen, Befüllen und Bepflanzen gelingt dann – mit ein wenig Anleitung – schon fast allein.

Weil sich Wasser von Natur aus nur in Senken und Mulden ansammelt, sollte auch der Gartenteich möglichst an der tiefsten Stelle des Grundstücks angelegt werden. So wirkt er viel natürlicher. Tiere im Teich stellen sich übrigens ganz von alleine ein – haben Sie nur ein wenig Geduld. Die Wasserstellen im Garten sind für viele heimische Wasserbewohner zum wichtigen Zufluchtsort geworden, seit die Feuchtbiotope in der freien Natur immer weniger werden. Was keine Flügel oder Beine hat, um von selbst zuzuwandern – wie etwa Libellen, Frösche und Kröten – wird oft mit den Wasserpflanzen eingeschleppt. Achten Sie bei der Bepflanzung darauf, dass noch genug Wasserfläche frei bleibt. Sonst ist Ihr Teich ganz schnell zugewuchert und das Wasser lässt sich nur noch erahnen. Ein Teich mit flacher Uferzone lockt übrigens auch geflügelte Badegäste an. Die begeisterten Badeorgien, die Amsel, Drossel und Co. im

nassen Element veranstalten, sind von Ihren Kindern kaum zu übertreffen.

Wasserwelt im Topf

Es muss aber nicht immer gleich die aufwändige Lösung sein. Ging bis jetzt der Traum vom eigenen Teich aus Platzmangel baden? Mit einem »Teich-Ableger« im Kleinformat könnte er doch in Erfüllung gehen – direkt vor der Terrassentür oder sogar auf dem Balkon. Auch eine kleine Wasserstelle birgt viel Vergnügen für Klein und Groß. Gerade ihre Winzigkeit macht es möglich, alles, was darin vorgeht, hautnah mitzuerleben. Jedoch: Weder pralle Sonne noch tiefer Schatten sind für den Teich im Topf zu empfehlen.

Für den Mini-Tümpel eignet sich jedes Behältnis, das eine Wassertiefe von mindestens 25 Zentimetern aufbringt und – wichtigste Voraussetzung – wasserdicht ist. Beliebt sind ganze oder halbierte Fässer und Bottiche aus **Holz**, die vorher gründlich eingeweicht werden müssen, damit sie sich vollsaugen und das Wasser halten. Und keine Angst vor dem Winter! Sie brauchen die Bottiche nicht zu leeren, wenn Sie zwei bis drei locker zusammengebundene Strohbüschel oder ein Stück Styropor in das Wasser legen. Dann wird der Eisdruck die Holzwände nicht sprengen. Auch im Mörtelkübel aus frostbeständigem **Kunststoff** könnte ein Tümpelchen Platz finden. Vorausgesetzt, es beherbergt nur winterfeste Pflanzen, darf es ebenfalls bei Schnee und Eis draußen bleiben.

Als **Sumpfpflanzen**, die ganzjährig im Topf wohnen können, empfehlen sich Froschlöffel, Sumpfdotterblume, Blutweiderich, Gauklerblume und Sumpf-Vergissmeinnicht. Etwa zehn Zentimeter Wasserstand brauchen Wasserminze, Fieberklee, Pfeilkraut und Kleiner Rohrkolben. Hechtkraut, Wasserampfer, Krebsschere und Kalmus stehen gerne in 30 Zentimeter hohem Wasser. Auch kleinwüchsige **Zwerg-Seerosen** fühlen sich im Mini-Teich wohl. Wohnt jede Wasserpflanze in einem eigenen Korb, so kann man diesen Wünschen ganz individuell entsprechen. Sie brauchen, wenn nötig, nur einen Ziegelstein unterzulegen, um die passende Wassertiefe zu erzielen. Für einen Sommer lang können auch Wassersalat, Wasserhyazinthe, Feenmoos und Schwimmfarn auf der Wasseroberfläche treiben, beim ersten Frost sterben sie jedoch ab.

1

Ein Mini-Teich von einem halben Meter Durchmesser sollte nicht mehr als drei bis vier verschiedene Wasserpflanzen beherbergen, sonst ist vom Wasserspiegel bald nichts mehr zu sehen. Aber es hindert Sie ja keiner daran, mehrere Becken – in unterschiedlichen Höhen – nebeneinander aufzustellen und sozusagen eine Mini-Seenlandschaft entstehen zu lassen.

Auch einige kleine **Lebewesen** können die Kinder als Putzkolonne in ihren Teich setzen:

1 Badevergnügen im eigenen Garten – der Schwimmteich macht es möglich.

2 Wasserwelt im Topf: Hier fühlen sich Pflanzen und kleine Tiere wohl.

3 Sicher und schön ist diese maßgeschneiderte Teichabdeckung.

2

Winzig kleine Wasserflöhe filtern unermüdlich das nasse Element. Wasserschnecken – wie Posthorn-, Sumpfdeckel- und Flache Tellerschnecke – machen sich mit Heißhunger über Fadenalgen her und säubern die Kübelwände. Sechs Schnecken für ein kleines Fass sind aber genug! Auch ein paar Goldfische könnten Ihre Sprösslinge in einem geräumigeren Bottich schwimmen lassen. Sie müssen aber frostfrei überwintert werden, während die Wasserschnecken sogar draußen einfrieren können, ohne Schaden zu nehmen.

Und was hilft gegen **Mückenlarven**? Der Wasserschlauch *(Utricularia vulgaris)*! Er ist eine völlig harmlos aussehende Pflanze, aber wehe, wenn er hungrig ist! Zu erkennen ist das an den kleinen runden Fangbläschen, die sich zwischen den verästelten, schmalen Blättchen befinden. Sind sie hellgrün gefärbt, ist der Wasserschlauch auf Nahrungssuche, zeigen sie sich dunkel, hat er schon gefrühstückt.

Gefahr erkannt – Gefahr gebannt

Wasser zieht Kinder magisch an – für die Knirpse unter ihnen kann das schnell bedrohlich werden. Auch wenn man es kaum für möglich hält: Kleinkinder unter drei Jahren können tatsächlich schon bei einem Wasserstand von wenigen Zentimetern in Lebensgefahr geraten. Den Kopf über Wasser zu halten, fällt ihnen noch sehr schwer, und so reicht es zum Ertrinken schon, wenn nur Mund und Nase vom Wasser bedeckt sind. Deshalb ist es am sichersten, auf einen Teich zu verzichten, bis die Kinder groß genug sind.

Manchmal zählt man aber schon zu den stolzen Teichbesitzern, bevor sich Nachwuchs einstellt. Oder Opa und Oma, die von ihren Enkeln ausgiebig besucht werden, haben ein Feuchtbiotop im Garten. Was dann? Schließlich kann man ja die Kleinen nicht grundsätzlich mit Schwimmflügeln zum Spielen vor die Türe schicken. Die Sache mit dem Hecht klingt da schon praktikabler: Den hatten findige Eltern im Beisein ihres Nachwuchses in den großen Teich direkt vor der Terrasse ausgesetzt und dabei erwähnt, dass er auch schon mal in kleine Kinderzehen beisst, wenn er sie erwischt. Das reichte aus, um die Kinder in gebührendem Abstand zum Teich zu halten.

Nun aber im Ernst: Welche Möglichkeiten gibt es, um den Gefahren am Wasser vorzubeugen?

- Da die meisten Unfälle am Teich durch Ausrutschen beim Spielen passieren, bieten **extrem flache und breite Uferzonen** bereits ein gewisses Maß an Sicherheit. Daran sollten Sie bei der Anlage eines Teiches grundsätzlich denken – auch wenn es in der Nachbarschaft kleine Nichtschwimmer gibt. Auch ins Wasser gefallene Tiere – wie etwa Igel – gelangen so wieder leichter an Land.

- **Geräte, die akustische Warnsignale abgeben**, wenn ein Kind ins Wasser fällt, können sehr hilfreich sein. Sie befinden sich im Teich und lösen Alarm aus, sobald sie stärkere Wellenbewegungen wahrnehmen. Allerdings ist das Ganze nur dann sinnvoll, wenn sich ein Erwachsener in Hörweite befindet, um sofort einzugreifen.

- Für kleine Teiche empfiehlt sich **eine maßgeschneiderte Teichabdeckung**, die man beim Schlosser in Auftrag geben kann. Am besten bewährt hat sich ein verzinktes Stahlgitter mit fünf Zentimeter Maschenweite, sodass auch kleine Füße nicht hindurch rutschen können. Damit die Gitterabdeckung bei Belastung in der Mitte nicht durchhängt, muss sie an mehreren Punkten gut aufliegen.

- Ist der Teich größer, hilft nur eines: **ein stabiler Zaun**. Dieser sollte wenigstens 80 Zentimeter hoch und so gearbeitet sein, dass ihn kleine Kinder nicht überklettern können (kein grobmaschiger Drahtzaun, in dem kleine Füße Halt finden!). Auch die Zugangstüre muss hoch genug und unbedingt verschließbar sein. Besonders zu empfehlen sind ein kindersicheres Schnappschloss und eine Feder, die dafür sorgt, dass das Tor von selbst zu fällt.

- Wer ganz auf Nummer sicher gehen möchte, kann seinen Teich auch für ein paar Jahre zum **Sandkasten** umfunktionieren. Hier bilden Kieselsteine die unterste Schicht, darüber liegt ein wasserdurchlässiges Vlies, das verhindert, dass der Spielsand nach unten durchrieselt.

3

Grüne Teppiche

Viel Spaß mit Gras

Weich wie Samt ...

... und doch unglaublich robust – das ist er, der sattgrüne Rasenteppich, der fast in jedem Garten irgendwo ausgebreitet liegt. Kein anderer Bereich lässt sich so vielseitig von der ganzen Familie nutzen wie er. Ob als Spiel- und Tummelfläche für alle Altersklassen, als strapazierfähiger »Bodenbelag« am gemütlichen Sitzplatz oder als Treffpunkt für eine Gartenparty – der Naturteppich aus zahllosen dicht an dicht stehenden, kurz geschorenen Grashalmen macht alles geduldig mit. Vorausgesetzt natürlich, man hat die richtige Rasengräser-Mischung gewählt. Denn Rasen ist nicht gleich Rasen.

Was man für gewöhnlich und ohne nachzudenken einfach als »Gras« bezeichnet, das setzt sich tatsächlich aus ganz verschiedenen Gewächsen zusammen. Sie zeichnen sich durch unterschiedliche Eigenschaften aus und wären sowohl im Wuchs als auch in der Blüte leicht zu unterscheiden – wenn man sie nur wachsen ließe. Horstbildende Gräser, also solche, die dichte Büschel produzieren, sind darunter und jene, die ganz und gar nicht sesshaft sind und lieber mit Hilfe von Ausläufern herum vagabundieren. Beide Typen sind nötig, damit eine lückenlose und dauerhafte Grasnarbe entsteht.

Die Mischung macht's

Manche Gräser sind besonders unempfindlich gegen Trockenheit, andere auffällig trittfest oder kommen mit Schattenlagen gut zurecht. So lassen sich mit ihren Samen ganz unterschiedliche Rasentypen zusammen-

1 Pusteblumen – der Sommer kommt!

2 Na, hört jemand das Gras wachsen? Für eine gemütliche Siesta ist so ein weicher Rasenteppich ideal.

3 Zelten im Garten: Der robuste Rasen macht viel mit.

mischen – angepasst an die jeweiligen Bedürfnisse der Benutzer. Hier muss man gut überlegen. Denn von der passenden Mischung hängt es ab, ob man an seinem Rasen auch Freude hat. So gibt es zum Beispiel den »Zierrasen« – der langsam wächst, nahezu makellos wirkt aber dafür nicht stark belastet werden darf. »Schattenrasen« enthält Gräser, die im lichten Schatten unter Laubbäumen noch einen ausreichend dichten Teppich bilden. Er darf ebenfalls nur wenig beansprucht und nicht zu tief gemäht werden.

Wenn viele kleine und große Füße auf dem grünen Naturgewebe herumtrampeln und es dies möglichst auch bei schlechtem Wetter oder länger anhaltender Trockenheit noch tapfer ertragen soll, dann kommt nur eine Saatgut-Mischung in Frage: der **»Spielrasen«** mit einem besonders hohen Anteil an strapazierfähigen Gräsern, die durch starke Wurzelausläufer in der Lage sind, kahle Stellen im Grün schnell wieder zu schließen. Dass er dafür ein wenig struppig aussieht – wen kümmert es schon!

Allerdings sollte man Rasen-Reststückchen, die nach der Platzverteilung für Terrasse, Blumenbeete, Teich und Gemüsegarten zufällig übrig bleiben, lieber vermeiden, denn durch Überbeanspruchung verwandeln sie sich nur allzu bald in einen schlammigen Acker.

Dort, wo Kinder spielen und toben, ist eine möglichst **große Rasenfläche** wichtig. Das Nonplusultra wäre ein zusammenhängender Grasteppich, der – mal enger und mal weiter werdend – einmal rund um das Haus führt. Von der »Tour de France« für den Nachwuchs bis hin zu wilden Verfolgungsjagden – was ließe sich auf der grünen Rennbahn nicht alles unternehmen!

Spielrasen – Rasenspiele

Wenn Kinder vor Übermut bersten und sich so richtig austoben wollen, ist ein weicher grüner Gräserteppich an Komfort kaum zu übertreffen. Purzelbäume und Rad schlagen, Wettrennen und Ball spielen – unsanfte Landungen aller Art sind auf dem »stoßgedämpften« Rasen viel weniger schlimm. Aufgeschürfte Knie gibt es kaum zu beklagen, höchstens Grasflecken in der Hose. Und barfuß laufen ist ohnehin das pure sinnliche Vergnügen. Wer braucht schon Schuhe, wenn er selig wie auf grünen Wolken dahinschwebt und biegsame Grashalme

1 An einem selbst gebauten Parcours haben Kinder viel Spaß.

2 Auf die Plätze – fertig – los! Kleine Rennfahrer können ruhig Gas geben. Das Gras dämpft unsanfte Landungen.

3 Barfuß im weichen Gras Fangen und Ringelreihen spielen ist Sommervergnügen pur!

so lustig an den Fußsohlen kitzeln! Sogar das Rasen mähen bringt Spaß, wenn man sich hinterher mit dem Schnittgut bewerfen kann. (Nur im Haus macht es sich später nicht so gut, wenn das angetrocknete Grünzeug aus Haaren und Kleidungsstücken bröselt ...)

Kaum ist es draußen – nach der langen Winterszeit – einigermaßen warm und trocken, so dass man sich ohne unangenehm nasskalte Flecken ins Gras setzen kann, schon erklärt der Nachwuchs die »Grünen Wochen« für eröffnet. Wo sonst etwa lässt sich so gut ein Zelt aufstellen, auf einem feurigen Steckenpferd herum galoppieren, ein Sackhüpf-Wettbewerb veranstalten oder bis zum Umfallen Federball spielen wie auf weichem Gras?

Viel Spaß macht es Kindern auch, den Parcours für einen Hürdenlauf zu improvisieren. Verwendet wird alles, was zusammengebaut auch nur im Entferntesten an Hindernisse erinnert: Stühle, Sessel, Gießkannen, Bretter und Kanthölzer als Seitenwände –, Besenstiele, Zaunlatten, Bambusstäbe und Haselnusstriebe als Querstangen. Im Geräteschuppen wird man da garantiert fündig. Fehlen nur noch die Stoppuhr und ein paar Preise für die glücklichen Gewinner, schon kann die Rallye starten.

Jetzt geht's rund!

Kinder, egal ob klein oder schon größer, ob Junge oder Mädchen, spielen leidenschaftlich gerne mit dem Ball. Das macht Spaß und fördert ganz nebenbei die Körperbeherrschung. Blitzschnelles Erfassen und Reagieren, Abstände und Geschwindigkeiten richtig einschätzen, die Kräfte dosiert einsetzen – all diese Fähigkeiten werden beim Spiel mit dem Ball eingeübt und ständig verbessert. Das macht Kinder nicht nur körperlich fit, sondern dazu noch »helle«. Denn auch das Gehirn bekommt beim Ball spielen ordentlich zu tun – und zwar linke und rechte Hälfte gleichzeitig. Wenn es sich nicht gerade um Spiele handelt, bei denen der Ball auf hartem Boden aufgeprellt werden muss, dann ist Rasengrün dafür unerlässlich. Nicht jeder Garten allerdings bietet genügend Platz für angehende Fußballprofis, und auch Völkerballspiele werden am besten auf dem nächsten Bolzplatz ausgetragen. Denn mögen die Vorsätze noch so gut sein – in ihrem Feuereifer merken die jungen Sportler leider nur selten, welchen Schaden sie an Mutters grünen Lieblingen innerhalb kurzer Zeit anrichten. Und was nach einem Volltreffer vielleicht noch senkrecht steht, wird häufig bei der Suche nach dem Ball

Gras-Spielereien

Steht demnächst ein Kinderfest an? Dann lassen Sie doch in einer Gartenecke das Gras etwas länger wachsen und »zeichnen« Sie mit dem Rasenmäher geheimnisvolle Labyrinthe in das Gras. Je komplizierter das Wegemuster verläuft, desto besser! Kinder haben garantiert ihren Spaß dabei, auf Um- und Irrwegen ans Ziel zu kommen. Wer dabei auch noch auf einem Löffel ein Ei balancieren muss, während die Stoppuhr läuft, ist besonders gefordert.

Gemähte Streifen und Spiralen eignen sich auch hervorragend für Sackhüpf-Wettbewerbe. Und das beliebte Fangen spielen wird gleich viel interessanter, wenn man nur auf gemähten Bahnen laufen darf. Von einer Bahn zur anderen springen gilt natürlich auch!

erbarmungslos nieder getrampelt. Ganz abgesehen von der Nachbarschaft, die vom Lärmpegel, den eine im Spieleifer erhitzte Kinderschar erzeugt, meist nicht besonders entzückt ist.

Eine gute Alternative zu raumgreifenden Bolzspielen bildet ein **Torwandnetz**, das dem Fußballnachwuchs erlaubt, ohne größere Flurschäden seine Torschussfähigkeiten zu trainieren. Das Netz ist schnell an Teppichstangen oder Bäumen befestigt und hält die Kinder in einer bestimmten Gartenecke. Sollte zwischendurch Mangel an Spielkameraden herrschen, kann man sich auch gut alleine damit amüsieren.

Wachsen in der Nähe dann noch ein paar robuste, sich schnell **regenerierende Gehölze** wie Kerrie, Kolkwitzie, Hartriegel, Weide und Hasel als grüne Pufferzone, ist der Familienfrieden bestimmt gesichert. Wo scharf mit Bällen geschossen wird, sollten Sie keine Pflanzen mit großen weichen Blättern verwenden und auch solche meiden, die – wie die Hortensie – nur an den Triebspitzen einzelne Blüten hervorzaubern. Werden diese durch wilde Spiele geknickt, fällt gleich die gesamte Blüte aus. Auch wehrhaftes Grün mit Stacheln und Dornen hat am Rand des Spielrasens nichts zu suchen, weil sich die Kinder in ihrem Eifer sonst ernsthafte Schrammen zuziehen können. Stabile **Spaliergitter**, sorgfältig platziert, helfen ebenfalls, Schlimmeres in den Beeten zu verhüten. Und natürlich gilt: Je größer die

1 Weicher Rasen und ein alter Autoreifen. Unglaublich, was Kindern zu dieser Kombination alles einfällt!

2 Große Sprünge machen – das Gras federt mit.

Eine Wiese zum Träumen

Darüber muss man sich im Klaren sein: Bei allen Vorzügen, die intensiv gepflegter Rasen für die ganze Familie hat – es gibt auch Nachteile. Durch das regelmäßige Mähen leidet die Artenvielfalt im Grün. So finden im kurz geschorenen grünen Teppich nur sehr wenige Tiere Kost und Logis. Darum: Überlegen Sie doch, ob es in Ihrem Garten vielleicht Platz genug für beides gibt. Den Rasen zum Toben und Spielen und die bunte Blumenwiese zum Träumen. Damit würden Sie Bienen, Schmetterlinge und vieles andere Getier sehr glücklich machen. Sie und ihre Kinder wären es aber garantiert auch! Denn Blumen pflücken, dem emsigen Summen und Brummen zuhören und betörende Blütendüfte einatmen – das alles können Sie auf dem kurz gemähten Rasenteppich leider nicht.

freie Spielfläche, um so geringer ist auch das Schadensrisiko.

Der beste Ballspielplatz ist ein Stück Rasen gleich neben der fensterlosen **Garagenwand** oder vor einer Gartenmauer, auf die man kurzerhand Tore aufmalen kann und wo Bälle problemlos abprallen.
Die Leidenschaft für **Basketball** lässt sich auch in kleinen Gärten noch gut ausleben, denn für einen Wurfkorb findet sich zum Beispiel an der Garagenwand oder an einem Baum meist ausreichend Platz. Wer es ganz genau nimmt, trennt für den Freiwurfraum 6 x 6,60 m ab, aber es lässt sich auch ohne festgelegte Tuniermaße trefflich spielen!

Zwei in den Boden einbetonierte Hülsen – um Metallstangen oder Holzpfosten aufzunehmen – sind hilfreich für alle Ballspiele, deren Regeln ein **Netz** vorsehen. Egal, ob Badminton oder Volleyball, im Nu ist das trennende Geflecht zwischen den zwei Spielfeldern gespannt und ebenso einfach wieder weg geräumt.

Überall dort, wo heiße **Tischtennisspiele** ausgetragen werden, wächst bald kein Grashalm mehr. Deshalb sollte die Platte von Zeit zu Zeit versetzt werden. Meist sind die modernen Tischtennisplatten zusammenklappbar und lassen sich gut rollen, so dass als geeigneter Platz auch die Garageneinfahrt denkbar ist. Darauf geachtet werden muss, dass ringsherum genügend Platz bleibt, etwa 4 x 8 Meter sollten es schon sein, um ausreichend Freiraum zu haben.

Na, genug getobt? Wie wäre es mit einer kleinen wohlverdienten **Pause**? Auch zum

1

2

Ausruhen eignet sich der weiche Rasenteppich nämlich ideal. Ein kleiner Überfall auf Mutters Vorräte – und im Nu ist ein gemütliches Picknick im Grünen (Näheres zu diesem Thema ist auf Seite 120 zu finden) inszeniert. Danach lässt man sich in das weiche Gras sinken, zählt Schäfchenwolken und träumt von neuen Garten-Abenteuern.

1 Hopp, hopp, hopp – Pferdchen lauf Gallopp. Wie wäre es mit einem kleinen Ausritt?

2 Jetzt geht es rund! Kinder spielen leidenschaftlich gerne Ball.

Das Rasen-Einmaleins

Ein perfekter Start: Das A und O eines pflegeleichten Rasens ist die sorgfältige Vorbereitung. Deshalb: Vor der Aussaat den Boden tiefgründig lockern, damit sich keine staunassen Stellen bilden, von Unkräutern und Steinen befreien und mit der Rückseite einer Harke anplanieren. Das Saatgut kann man per Hand ausstreuen, gleichmäßiger geht es mit einem (geliehenen) Streuwagen. Pro Quadratmeter genügen rund 30 Gramm Rasensamen, die Sie anschließend mit einer Walze andrücken oder mit kurzen Brettern, an den Schuhen befestigt, festtreten. Die Saat darf die ersten vier Wochen nicht aus trocknen, deshalb – wenn nötig – mit feinem Strahl beregnen. Der erste Schnitt ist fällig, wenn der neue Rasen 10 cm hoch ist. Stellen Sie die Schnitthöhe auf 6 cm ein.

Kurz und gut: Vielleicht haben Sie es schon beobachtet: Blumen wachsen an der Spitze, Gras dagegen treibt von unten. Durch regelmäßigen Schnitt wird es angeregt, zahlreiche neue Triebe zu bilden. Deshalb heißt die goldene Regel für strapazierfähigen Rasen: mähen, mähen, mähen. In Zeiten, in denen man das Gras fast schon wachsen hört, ist dies mindestens einmal pro Woche nötig. Denn dort, wo Kinder spielen, sollte es nicht viel länger als 4 cm sein. Nur während einer Hitzewelle bleibt der Mäher im Schuppen – dafür wird in den frühen Morgenstunden gründlich gewässert.

Aus-Zeit: Haben Sie schon beobachtet, wie schnell sich ein völlig durchweichter Rasen in einen schlammigen Acker verwandelt? Deshalb der gute Rat: Bei anhaltend schlechtem Wetter hat der Rasen Spielpause.

Ungebetene Gäste: Nichts gegen ein paar Gänseblümchen – im Gegenteil! Doch manche Wildkräuter können im Rasen nicht geduldet werden, denn dort, wo sie sich ausbreiten, leidet die Trittfestigkeit und der grüne Pelz zeigt bald kahle Stellen. Häufiges Mähen lässt die meisten »Unkräuter« wieder verschwinden, Rosettenbildner wie Löwenzahn und Wegerich sind dagegen jedoch immun. Ausstechen, mit Stumpf und Stiel, heißt hier die Devise.
Ist der Rasen durch Moos und Klee stark verfilzt, muss man ihn »auskämmen«. Dies geschieht entweder durch kräftiges Durchharken oder mit Hilfe eines Vertikutiergerätes.

Erste Hilfe: Wird der grüne Teppich intensiv genutzt, treten immer irgendwo Kahlstellen auf. Kleinere Lücken können Sie ganz gut mit Hilfe eines Rasenstücks flicken, größere muss man nachsäen. Zeigen sich immer an den selben Stellen Löcher im grünen Pelz, dann ist dies ein klarer Fall für Trittsteine. Senken Sie sie aber tief genug in die Grasnarbe ein, damit sie beim Mähen nicht hinderlich sind.
Dort, wo weicher Boden gefragt ist, zum Beispiel im Bereich der Schaukel, empfiehlt sich eine Schicht Rindenmulch. Ist die Spielfläche nur sehr klein und dadurch ständig überstrapaziert, ist es manchmal sogar besser, ganz auf das Rasengrün zu verzichten. Ein Belag aus Holzhäcksel entspricht in solchen Fällen den Anforderungen sehr gut.

Futter fürs Grün: Durch das Mähen wird Ihrem Rasen ständig Blattmasse entzogen (Ausnahme: Mulchmäher), die er ersetzen muss. Das macht ihn hungrig! Sorgen Sie deshalb für ausreichend Dünger. Dafür eignen sich reifer Kompost (1-2 Schaufeln pro Quadratmeter) oder ein praktischer Langzeitdünger (auf Algenbasis) aus dem Handel, der den grünen Teppich über mehrere Monate mit Nährstoffen versorgt.

Abgehoben

Abgehoben

Schaukeln und Klettern – für Kinder das Höchste

1

Nur fliegen ist schöner

Mit dem Kopf (fast) in den Wolken, die Füße losgelöst vom Boden – einfach so durch die Lüfte sausen, bis es im Bauch kribbelt und man vor lauter Glück kichern muss – das lieben alle Kinder. Und selbst die Großen lassen sich noch gern auf einer Schaukel nieder, wenn gerade keiner guckt.

Doch das ist nur **eine** Möglichkeit für Kinder, den Luftraum zu erobern. Man kann auch eine Hängematte spannen und sich sanft drin wiegen, flink wie ein Äffchen im Baumgeäst herumklettern, an einem Seil hin- und herschwingen oder sich damit so lange wirbelnd um sich selber drehen, bis einem ordentlich schwindlig wird. Kinder hecken täglich neue Varianten aus, um vom Boden abzuheben und die Gesetze der Schwerkraft auf die Probe zu stellen. Je älter und unternehmungslustiger sie werden, desto stärker sprudelt die Ideenquelle. Es braucht nur ein wenig Fantasie, und schon wird die einfache Strickleiter, die irgendwo von einem Baum herunterhängt, an einem Tag zum Zirkustrapez, während am nächsten ein mutiger Matrose aus luftiger Höhe nach Piraten Ausschau hält.

2

3

Solch ein Pirat kommt selten allein – und wenn, dann ist es ihm bestimmt bald langweilig. Darum ist es wichtig, dass Schaukeln gleich von mehreren Kindern gemeinsam genutzt werden können. Schließlich hat auch ein Einzelkind Freunde!

Hin und her

Wetten, dass eine **Schaukel** ganz oben auf der Wunschliste steht? Kleinkinder wie Teenager haben nämlich ihre Freude daran. Wie lange die Begeisterung der Größeren andauert, hängt allerdings davon ab, wie hoch die Schaukel aufgehängt ist. Denn: Je höher der Aufhängepunkt, um so weiter schwingt die Schaukel nach beiden Seiten aus und um so mehr steigern sich Tempo und Spaß. Einen Haken gibt es dabei aber auch. Denn amüsieren sich die größeren Kinder besonders prächtig, müssen Sie auf die Kleinen verstärkt aufpassen – die wären nämlich auf einer Kleinkindschaukel mit niedrigem Rahmen besser aufgehoben. Doch egal, wofür Sie sich entscheiden, wenn möglich, sollten Sie lieber gleich eine Doppelschaukel anschaffen, hier gibt es weniger Streit und das Vergnügen verdoppelt sich ebenfalls.

Klar, dass die ganz kleinen Nachwuchsakrobaten zuerst einmal im sicheren Kindersitz Platz nehmen. Für Fortgeschrittene gibt es verschiedenste Möglichkeiten, mit Schwung durch die Lüfte zu sausen. An einem Seil mit Knoten lässt es sich herrlich pendeln, und wer es ein bisschen komfortabler will, wählt statt dessen ein Tau mit Sitzteller. Auch Strickleitern eignen sich hervorragend zum Schwingen.

Viel Spaß bringen auch so genannte **Schaukelreifen**. Sie sind billig, nicht

4

1 Einfach herrlich – so durch die Lüfte zu sausen ...

2 Zwei Schaukeln sind immer besser und lustiger als eine!

3 Rodeo auf dem Schaukelpferd, das früher ein Autoreifen war.

4 Auf los geht's los! Mit Rückendeckung macht schaukeln doppelt Spaß.

1 Gemütlich und sicher wie in Mutters Schoß: In der Hängematte bleibt ein Kind selten allein.

2 So macht man kleine Klettermaxen glücklich.

3 Im Lieblings-Kletterbaum: Tarzan und Jane würden Augen machen!

kaputt zu kriegen und bringen Vergnügen ohne Ende. Was will man mehr? Nichts – so lange Ihre Kinder noch nicht entdeckt haben, dass es neuerdings auch Tierfiguren gibt, die aus gebrauchten Autoreifen geschnitten werden. Egal ob Drache, Saurier, Elch, Elefant, Pferd oder Stier – sie alle sind ausgesprochen robust und vermitteln wegen des elastischen Materials ein echtes »Reitgefühl«. Wer von den kleinen Artisten lieber motorisiert durch die Lüfte brausen will, der kann auch einen Schaukelreifen wählen, der die Form eines Motorrads angenommen hat.

Verwendet werden übrigens nur Leinenreifen, deshalb müssen sich Eltern auch keine Sorgen machen, dass aus den Reifen austretende Stahldrähte ihren Kindern gefährlich werden könnten. Bei uns gibt es diese Art von Reifen zwar längst nicht mehr, weil sie sich auf der Straße nicht für hohe Geschwindigkeiten eignen – dafür sind sie aber genau das Richtige für wilde Ausritte im Garten.

Behaglich und geborgen wie in Mutters Schoß fühlen sich Kinder in der **Hängematte**. Darin kann man schaukeln, träumen oder sich Geschichten erzählen. Diese Art von Kinderglück passt sogar auf den Balkon und ist – wenn es darauf ankommt – ruckzuck weggeräumt. Im Garten ist eine Hängematte wohl das beliebteste »Möbelstück« überhaupt. Aus Seilen und Tuch gefertigt, kommt es ganz ohne Beine aus, dafür ist aber eine passende Aufhängemöglichkeit nötig. Sie haben keine geeigneten großen Bäume? Macht nichts! Dann finden sich vielleicht zwei schwächere, durch deren Kronen sich ein stabiles Rundholz schieben lässt. Nun noch zwei Schraubhaken daran angebracht, die Hängematte eingeklinkt und dann – nichts wie hinein! Natürlich lässt sich so ein Schaukelnetz auch zwischen die Pfosten einer Pergola spannen oder quer in einer ausreichend großen Mauernische aufhängen. Oder Sie graben zwei stabile Pfähle im Garten ein, die Sie zur Verschönerung mit Kletterpflanzen beranken lassen könnten. Und wenn das alles nicht geht, dann besorgen Sie sich eben ein eigens dafür konstruiertes Gestell. Damit können Sie die Hängematte immer da platzieren, wo es im Garten gerade am schönsten ist.

Mit ganz wenig Platz und nur einer Aufhängung – zum Beispiel an der Zimmerdecke, an einem Balken oder einem dicken Ast – kommt der **Hängestuhl** aus, einer äußerst bequemen Variante zur Hängematte.

Die schaukelnde Spielwiese ist nicht nur die reine Wonne, sondern zeigt auch ausgesprochen nützliche Nebenwirkungen: Sie schult den Gleichgewichtssinn, verbessert Körperhaltung und Bewegungsabläufe. Außerdem fördert sie das seelische Wohlbefinden und

2

Rahmen eine Art »Spinnennetz« zu knüpfen, an dem sich Kinder austoben können. Das wirkt vielleicht nicht ganz so perfekt, aber nur keine Sorge: Damit hat der Nachwuchs die beste Gelegenheit, seine Fantasie auszuleben.

Mein Freund, der Baum

Fragen Sie Ihre Kinder: Das Nonplusultra, um vom Boden abzuheben, ist ein Baum – ein richtig stabiler **Kletterbaum** mit weit ausladenden, tief sitzenden Ästen, die vom Boden aus leicht zu erreichen sind. Alte Apfelbäume zum Beispiel schlagen gerne eine Karriere als Kinderliebling ein. Aber auch Eichen, Buchen und Ahorne eignen sich. Weniger beliebt sind Nadelbäume – sie harzen und pieksen.

3

wird deshalb gerne in der Kindertherapie eingesetzt. In der Karibik glaubt man, dass Kinder, die gemütlich in der Hängematte in ihre Träume schaukeln zu besonders ausgeglichenen Menschen heranwachsen. Übrigens: Damit selbst die Kleinsten nicht im Tiefschlaf aus ihrer Schaukel-Wiege fallen, bietet der Fachhandel sogar Matten mit eingenähten »Hosen« an.

Auf und ab

Die Zeiten, als es nur **Klettergeräte** zu kaufen gab, die aussahen, als stammten sie geradewegs von einem der langweiligen öffentlichen Spielplätze, sind zum Glück vorbei. Weder Kinder noch Eltern hatten so recht ihre Freude an den grell gestrichenen simplen Metallkonstruktionen. Die so genannten Spielanlagen, die es heute gibt – bestehend aus Kletterturm mit Rutsche und einem angebauten Rahmen mit Schaukel, Sprossenleiter, Kletterseil und anderem mehr – sind in der Regel aus Holz gefertigt und dabei so dekorativ, dass sie selbst für einen liebevoll gestalteten Garten noch ein Gewinn sind.

Wer sich selber handwerklich betätigen will, hat viele Möglichkeiten, kleine Klettermaxen glücklich zu machen. Selbst gebaute Spielgeräte können sehr aufwändig gestaltet sein, aber auch wer zwei linke Hände hat, findet sicher irgendwo im Garten Möglichkeiten, Strickleitern und Kletterseile aufzuhängen oder aus einem stabilen Tau an einem festen

Fehlen unten die Äste zum bequemen Einstieg? Macht nichts! Eine Strickleiter, ein geknotetes Tau oder eine Sprossenleiter helfen im Nu aus der Patsche und dienen als Starthilfen hinauf in das grüne Kletterparadies. Sie könnten den Baumstamm aber auch von unten her mit einem stabilen Klettergerüst einschalen, auf dem die kleinen Klettermaxen ihre Künste erproben. Erfahrene Wipfelstürmer benutzen es als Startrampe, um bis in den Kronenraum vorzudringen. Klar, dass die kleinen Artisten viel üben müssen, bevor die Eltern ihre Zustimmung dafür geben. Und bis dahin: Lassen Sie es nicht an der nötigen Aufsicht fehlen!

Gefällte Bäume können selbst in der Horizontalen noch eine ganze Menge Spaß beim Herumklettern und Balancieren bereiten – vor allem für die kleineren Kinder. Noch lustiger wird das Ganze, wenn man dabei auf dem Rücken eines Fabeltiers herumturnt. Dafür müssen Sie kein Profi-Holzschnitzer sein: Ein dicker Baumstamm mit langen Ästen verwandelt sich auch unter den Händen eines Laien in einen mehrköpfigen Drachen. Falls Ihre Fantasie Sie im Stich lässt, fragen Sie doch einfach Ihre Kinder, was für ein Wesen sich in so einem alten knorrigen Baum verstecken könnte. Vielleicht ein Krokodil, ein Troll oder etwa ein geflügeltes Pferd?

Wer hätte das gedacht: **Trampolin-Springen** macht schlau! Die Hüpferei trainiert – das ist erwiesen – Gedächtnis und Konzentrationsfähigkeit. Zudem schult sie den Gleichgewichtssinn, fördert die Kondition, stärkt Herz und Lunge und sorgt dafür, dass kleine Zappelphilipps jede Menge überschüssigen Dampf ablassen können. Und wen all diese Argumente schlichtweg kalt lassen, dem sei gesagt, dass Trampolin-Springen unglaublich Spaß macht. Jeder der kleinen Hüpfer wird es bestätigen!

Die Kinderzimmerversion hat einen Durchmesser von etwa einem bis eineinhalb Meter. Für die Open-air-Hopserei im Garten bietet der Fachhandel Trampolin-Riesen mit vier Metern Breite an, auf dem besonders große »Flüge« gelingen. Natürlich muss das Ganze erst erlernt werden, so wie das Fahrrad fahren auch. Doch wer es erst einmal beherrscht, hat nur noch eines im Sinn: gaaanz große Sprünge machen!

Erfahrung macht klug!

Was kann unseren Kindern beim Spielen nicht alles zustoßen: Stürze, Schnittverletzungen, Vergiftungen ... Die Liste derartiger Alpträume ist lang, entsprechend groß sind auch die Sorgen der Eltern. Aber: Wollten wir sämtliche Gefahren von unseren Kleinen fernhalten, müssten wir ihnen das Spielen tatsächlich verbieten.

So wichtig es ist, Gefahrenquellen zu entdecken und, wo es geht, zu beseitigen, noch wichtiger ist, dass die Kinder selbst rechtzeitig erkennen, wo es »brenzlig« wird und auch wissen, wie man mit Gefahren umgeht. Hierbei helfen keine ständigen Ermahnungen der Eltern – sie verunsichern nur!

»Durch Erfahrung wird man klug«, heißt es schon in einem alten Sprichwort! Also lassen wir den Nachwuchs seine Erfahrungen machen – wenn nötig natürlich unter Aufsicht und Anleitung der Erwachsenen – aber ohne, dass wir ständig besorgt dazwischen funken. Machen wir den Kindern (und uns!) statt dessen lieber Mut und vor allem: Trauen wir ihnen etwas zu!

Selbstverständlich sollten Sie rettend eingreifen, wenn Ihr kleiner Wipfelstürmer wie eine reife Pflaume im Baum hängt und nicht mehr weiß, wie er herunterkommt. Aber wer so früh wie möglich damit beginnt, seine Geschicklichkeit zu schulen – auf Randsteinen, Baumstämmen, Mäuerchen balanciert, auf Leitern und Bäume klettert – der fällt auch später beim Picknick in luftiger Höhe nicht vom Dach des Gartenhäuschens. Übung, so heißt es sehr richtig, macht schließlich den Meister!

Und noch etwas Wichtiges: Wer von klein an seine Sinne trainiert, lernt auch bald darauf zu achten, wenn sie ihn warnen: »Diese Mauer ist zu hoch« oder »das Dach ist zu steil«. Solche Kinder können sich auf ihre Sinne hundertprozentig verlassen. Gibt es einen besseren Schutzengel?

Auf Nummer sicher ...

Sanfte Landung garantiert: Falls einer der kleinen Nachwuchs-Tarzans einmal den Halt verliert, sollte der Untergrund um Schaukel, Rutsche, Klettergerüst den Sturz möglichst weich abfedern. Ein Rasenteppich fängt zweibeiniges »Fallobst« aus einem Meter Höhe sicher auf – so lange der Boden nicht knochentrocken ist. Für unsanfte Landungen aus größerer Höhe empfehlen sich – in einer Schichtstärke von 30 cm – Sand oder Rindenmulch als Puffer. Eignet sich der Sand jedoch zum Burgen bauen und Kuchen backen, ist es nicht der richtige, denn die Sandkörnchen dürfen auch im nassen Zustand nicht zusammenbacken! Was wir brauchen, ist deshalb rundkörniger Quarzsand mit einer Korngröße von 0,25 bis 1,5 mm. Mit Rindenmulch als Falldämpfer besteht die beste Chance, dass auch Stürze aus größerer Höhe glimpflich verlaufen.

Ver-schaukelt: Die meisten Unfälle – mit zum Teil ernsten Folgen – passieren, weil seitlich vorbeirennende Kinder von einer schwingenden Schaukel getroffen werden. Um das zu vermeiden, muss man die ganz Kleinen unbedingt fern halten, wenn größere Kinder an der Reihe sind. Und am besten stellen Sie die Schaukel fernab aller Gartenwege auf. Vielleicht findet sich dafür sogar eine Nische, die an drei Seiten von Gehölzen umgeben ist. Das wäre ideal! Kommt es doch zu einem Unfall, bestehen gute Aussichten, dass er mit einem Schaukelsitz aus Gummi einigermaßen glimpflich verläuft.

Kaufen oder selber machen? Gekaufte Spielgeräte sollten eine TÜV-Plakette oder ein anderes Qualitätssiegel tragen. Dann sind sie auf Sicherheit getestet. Wenn Sie lieber selber etwas bauen möchten, sollten Sie – wegen der Splittergefahr – nur gehobeltes Holz verwenden und darauf achten, dass es wetterfest imprägniert ist. Verzichten Sie möglichst auf Nägel, weil diese sich im Holz bei starker Beanspruchung leicht lockern. Geschraubte Holzverbindungen sind stabiler. Und beachten Sie immer, dass beim Schaukeln große Kräfte wirken und die Geräte absolut sicher verankert sind.

Vorsicht ist besser: Denken Sie auch an die regelmäßige Überprüfung der Klettergeräte. Wenigstens zweimal im Jahr sollten Sie sie auf Schäden untersuchen und nach faulendem Holz, ausgefransten Seilen, gelockerten Verbindungsstellen und anderen Verschleißerscheinungen Ausschau halten.

Achtung Kinderfest! Im Hausgarten sind Klettergerüst und Schaukel in der Regel nur auf ein paar Kinder ausgerichtet. Eine übermütig tobende Horde von fünfzehn kleinen Artisten kann für die Stabilität leicht zu viel sein. Greifen Sie also rechtzeitig ein! Und denken Sie daran, dass sich die ausgelassene Schar gegenseitig zu Mutproben aufstacheln kann.

Engstellen sichern: Geduld ist oft nicht gerade die Stärke unserer Kleinen. Trödelt einer, wird er leicht von den anderen geschubst oder geknufft. Besonders an Engpässen kann dies gefährlich werden! Deshalb sollten Sie solche Stellen besonders kritisch unter die Lupe nehmen: Gibt es genügend sichere Haltegriffe oder wäre ein umlaufendes Geländer besser? Können sich irgendwo Füße verfangen oder Kleider verheddern? Haben Leitersprossen für Kinder die richtigen Abstände?

Kletter- und Schaukelbäume: Bevor Sie Ihren Klettermaxen erlauben, den nächsten Baumwipfel zu erobern, sollten Sie sich erst vergewissern, dass er die Kinder auch sicher trägt. Sehen Sie Anzeichen von Schäden oder Krankheiten? Baumpilze, austretendes Harz und abgestorbene Zweige können darauf hinweisen.

Bringen Sie Schaukel, Kletterseil und Strickleiter nur an kräftigen, gesunden Ästen und möglichst in Stammnähe an, jedoch mit so viel Sicherheitsabstand, dass Ihr Kind nicht an den Stamm prallen kann. Damit die Rinde unter den Tauen keine Scheuerstellen bekommt, schützen Sie sie mit einem Stückchen Teppich oder einer Gummimatte.

Trampolin-Springen: Damit aus Spaß nicht Ernst wird, müssen ein paar Regeln beachtet werden: Stellen Sie das Trampolin frei und auf weichem Untergrund auf. Es darf immer nur ein Kind springen und es sollte dabei möglichst in der Mitte bleiben. Kommt es zum Sturz, fängt sich der kleine Hüpfer am besten mit den Händen ab. Kaufen Sie nur wirklich gute, sicherheitsgeprüfte Geräte, die »Dauerstress« aushalten.

1 Gewusst wie: Trampolin-Springen muss erst erlernt werden – wie das Fahrrad fahren auch.

Kinder und Tiere

... beobachten, schmusen und spielen

Von der Assel bis zum Igelkind

Kinder fasziniert einfach alles, was vor ihren Augen kreucht und fleucht. Für sie gibt es kaum etwas Spannenderes als zu beobachten, wie eine Schnecke behäbig aus dem Häuschen kriecht, im Zeitlupentempo ihre Fühler ausstreckt und sie bei der leisesten Berührung sofort wieder einstülpt. Und was tut sich nicht alles unter losen Brettern und Steinen! Wenn man sie ein wenig anhebt, kommt darunter eine aufgeregt wuselnde kleine Welt mit Asseln, Tausendfüßlern und Regenwürmern zum Vorschein. Ein vorsichtiger Blick in ein Vogelnest, eine Igelmutter mit Jungen auf der Terrasse – solche eigenen Beobachtungen prägen sich garantiert tiefer ins Gedächtnis ein als jeder noch so perfekte Naturfilm. Das Verständnis für natürliche Zusammenhänge wird damit auf spielerische Weise geweckt und die Kleinen lernen – unter Anleitung der Eltern – achtsam und sensibel mit Lebewesen umzugehen. Wie schön, wenn solch ein Naturkunde-Unterricht vor der eigenen Haustüre stattfindet!

Damit sich die heimische Tierwelt im Garten wohl fühlt, braucht es nicht viel. Als erster Schritt muss sämtliches Gift aus dem Garten verbannt werden, denn Blattläuse und andere Schädlinge bilden die Lebensgrundlage für viele gern gesehene Gartenbesucher. Den Garten völlig frei von ungebetenen Gästen zu halten, wird Ihnen ohnehin nicht gelingen. Und so haben Ihre Kinder Gelegenheit, wichtige Prinzipien des natürlichen Gleichgewichts zu studieren – zum Beispiel, dass sich die Marienkäfer prompt rasant vermehren, wenn es eine Bevölkerungsexplosion bei der Beute, sprich den Blattläusen, gibt.

Auch beim Aufräumen und Unkraut jäten ist etwas Zurückhaltung angesagt – damit nicht gleich jedes bisschen Natur aus dem Garten vergrault wird. Und natürlich spielt die Auswahl geeigneter Pflanzen eine Rolle. Hier gilt als Faustregel: Je größer die Pflanzenvielfalt auf dem eigenen Stückchen Land ist, desto anziehender wirkt es auf uns und auf die Tierwelt.

Die wird sich schließlich von ganz alleine einfinden. Denn leider sind die Lebensräume in freier Natur inzwischen so stark eingeschränkt, dass die Tiere gezwungen sind, sich Ersatz im Garten zu suchen.

1 »Lass doch mal sehen, wie viele Punkte du hast!« Kinder fasziniert alles, was da kreucht und fleucht.

2 Schneckenzoo: Viel interessanter als der schönste Naturfilm sind eigene Beobachtungen.

3 Wie süß – ein Igelkind! Der Garten steckt voll tierischer Überraschungen. Man muss nur die Augen aufhalten.

2

Hier wohnen Tiere gerne

Denken Sie beim Gestalten Ihres Gartens immer auch mit an die Natur. Wenn Sie eine Trockenmauer aufbauen, sorgen größere Spalten zwischen den einzelnen Steinen dafür, dass hier Spinnen, Käfer und Eidechsen wohnen können. Auch aufgetürmte Steinhaufen in sonniger Lage sind für Eidechsen und alle möglichen Insekten eine echte Attraktion. Pflastern Sie, wo immer es möglich ist, auf Sand und nicht auf Beton – so finden Insekten unter den Platten ein neues Zuhause. Alte Tontöpfe sind für Kröten ein begehrter Zufluchtsort. Und vergessen Sie die Fledermäuse nicht! Für sie wurden ganz spezielle Kästen und Höhlen entwickelt, die es im Fachhandel zu kaufen gibt.

3

Wenn im Herbst das Falllaub liegen bleibt und unter Bäumen und Sträuchern eine wärmende Schutzschicht bildet, dann finden hier viele Insekten einen Unterschlupf für den Winter. Und irgendwo in einem versteckten Gartenwinkel könnten Sie abgeschnittenes Astwerk und Laub auftürmen – darin richten sich Igel gerne ihren Schlafplatz ein. Ist der Haufen groß genug und wird er durch dornige Äste vor Nachbars Mieze geschützt, gibt es dort auch einen ausgezeichneten Brutplatz für Zaunkönig, Heckenbraunelle und Rotkehlchen.

Gefiederte Gäste lieben die Vielfalt

Ein ungestörter Unterschlupf zum Schlafen und Nisten sowie ein reiches Futterangebot sind die Voraussetzung dafür, dass sich zahlreiche Singvögel im Garten einfinden. Viele der gefiederte Besucher stammen ursprünglich aus dem Wald und die bunte Mischung aus Bäumen, Sträuchern, Kletterpflanzen und Blumen in einem gut gestalteten Garten gleicht ihrer ehemaligen Heimat.

Eberesche, Schwarzer Holunder, Kornelkirsche, Apfelbaum, Stechpalme, Gemeiner Schneeball, Wildrosen bieten bis tief in den Winter hinein einen gedeckten Tisch für die kleinen Federknäuel. Sie produzieren wertvolle Samen und Früchte und ziehen Insekten an, die den Piepmätzen wiederum als Futter und wichtige »Babynahrung« dienen. Und Schutz vor Verfolgern bieten sie auch, besonders, wenn sie zu dichten Hecken zusammengepflanzt sind. Weißdorn, Schlehe, Feuerdorn, üppige Strauchrosen, Berberitzen und andere dornenbewehrte Gehölze stehen bei den gefiederten Sängern besonders hoch im Kurs. Räuber wie Katze, Marder und Sperber haben hier keine Chance auf eine schnelle Mahlzeit. Deshalb sind die grünen »Kratzbürsten« auch als Kinderstube sehr beliebt.

Ein Garten muss übrigens gar nicht groß sein, um Vögeln zu gefallen. Wo Bäume und Sträucher zu viel Platz brauchen, steigt man einfach auf Kletterpflanzen wie Waldrebe, Efeu, Geißblatt, Kletterrose und Blauregen um. Die grünen Akrobaten leben auf kleinem Fuß und nützen die dritte Dimension, indem sie an Wänden, Zäunen, Pergolen, Blumenbögen und Raumteilern nach oben streben. Einfach ideal, wenn man auf wenig Platz Vögeln ein Heim bieten will!

Auch Rasenflächen sind bei Piepmätzen als Jagdgebiet sehr beliebt. Amseln und Drosseln huschen mit aufgeregten Hüpfern durch das Gras auf der Pirsch nach Regenwürmern. Und Stare stochern gerne in der Grasnarbe. Blattläuse, kleine Spinnen und andere Krabbler im Blumenbeet machen Meisen, Rotkehlchen und Heckenbraunellen glücklich. Wer dann im Herbst abgestorbene Stängel mitsamt den Samenständen stehen lässt, tut damit vielen Vögeln einen großen Gefallen. Mehr zum Thema **Winterfütterung**, einem Riesenvergnügen für kleine Tierfreunde, lesen Sie auf Seite 134.

Nistkästen und andere Wohnungen

Höhlenbrüter wie etwa Meisen und Stare finden in der Natur kaum noch geeignete alte Bäume. Deshalb sind sie auf „sozialen Wohnungsbau« durch Tierfreunde angewiesen. Die beste Zeit zum Aufhängen von Nistkästen ist der Herbst. Dann finden die Vögel schon in der kalten Jahreszeit Schutz vor Wind und Wetter und können sich schon mal an ihr neues Zuhause gewöhnen. Das Flugloch wird am besten nach Südosten ausgerichtet und natürlich sollte man den Kasten öffnen können, um das alte Nest zu entfernen. Bringen Sie die neue Heimstatt mindestens in zwei Meter Höhe an und sorgen Sie dafür, dass sie für Katze und Marder nicht erreichbar ist (Katzengürtel für Baumstämme und Marderabwehr sind im Handel erhältlich). Auch die Kinder sollten, trotz aller Begeisterung für die niedlichen Vogelbabys, nicht zu häufig einen Besuch am Nest abstatten. Derart gestört, lassen manche Vögel ihre Brut im Stich und Jungtiere flüchten in ihrem Schrecken zu früh aus dem Nest. Sie werden dann eine leichte Beute für Nachbars Katze.

Weil Hausrotschwanz, Blaumeise, Baumläufer und Mauersegler jeweils ganz eigene Vorstellungen von ihrem Zuhause haben, ist es besser, sich zu informieren, bevor man daran geht, die geeigneten vier Wände für gefiederte Mieter zusammen zu zimmern. Der **Bund für Vogelschutz** hilft Ihnen mit einer Broschüre, die über 50 Baupläne für Nistkästen enthält. Kaufen kann man die Vogel-Kinderstuben aus Holz oder Holzbeton natürlich auch.

Vielleicht hat Ihr Nachwuchs Spaß daran, die schlichten Heimstätten mit Pinsel und Farbe noch ein wenig aufzupeppen? Zum Beispiel mit einer schmucken »Villa Piep« mit aufgemalten Fenstern mitsamt Fensterläden, einer Haustüre (Einflugloch!) und einem blühenden Vorgärtchen? Sogar eine rustikale Blockhütte oder ein fantasievolles »Wolkenkuckucksheim« ließen sich daraus zaubern. Aufmalen könnte man auch eine Sonnenblume mit lachendem Gesicht oder eine freche Aufschrift, wie etwa »Katzen sind doof!«.

1 Sozialer Wohnungsbau für Piepmätze: Höhlenbrüter sind auf unsere Hilfe angewiesen.

2 Badespaß für geflügelte Gartengäste: Singvögel lieben ein erfrischendes Bad am Morgen und auch bei großer Hitze tauchen sie mit Begeisterung ab.

Auch Vögel planschen gerne

Dass Wasser zum Planschen da ist, finden nicht nur unsere Sprösslinge, sondern auch die Piepmätze prima! Sind im Hochsommer alle Pfützen in der Umgebung ausgetrocknet, freuen sie sich über gefüllte Tränken und (flache!) Bademöglichkeiten im Garten, die sie zu begeisterten Badeorgien mit hohem Unterhaltungswert nützen. Diese sollten möglichst auf einem Sockel, einem Baumstamm oder auf einem Mäuerchen stattfinden können und rundum freie Sicht bieten, damit die Badegäste nicht einer anschleichenden Katze zum Opfer fallen. Das feuchte Nass wird im Übrigen auch gerne von Schmetterlingen, Bienen und anderen Insekten als Tränke genutzt.

Kleine Summer, dicke Brummer – vom Leben der wilden Bienen

Wildbienen sind nicht etwa abtrünnige Honigbienen. Es handelt sich bei ihnen um eigene Arten mit ganz speziellen Lebensweisen. Während die Honigbienen mit einer Königin in großen Staaten zusammenleben, schlagen sich die meisten Wildbienen einzeln – als so genannte Einsiedlerbienen – durchs Leben.

Etwa 450 Arten leben in Deutschland und es wären sogar noch mehr, wenn nicht schon einige ausgestorben wären. Deshalb stehen die verbliebenen auch alle unter Naturschutz! Winzige Summer in Ameisengröße gehören zu ihnen, aber ebenso dicke Brummer, die drei Zentimeter groß werden.

Viele dieser Bienen sind, was ihre Nahrungsquellen angeht, ausgesprochene Spezialisten mit besonderen »Diäten«; sie versorgen ihre Larven nur mit den Pollen ganz bestimmter Pflanzen. So liebt die Mauerbiene *(Osmia adunca)* den Natternkopf, während die Scherenbiene speziell auf Glockenblumen fliegt. Die Löcherbiene wiederum zieht Korbblütler vor.

Mit einem bunt gemischten Blütenpotpourri aus verschiedenen Glockenblumen, Leinkraut, Boretsch, Natternkopf, einjährigem Lein, Bohnenkraut, Duftsteinrich, ausdauernden Nachtkerzen, Salbei, Mauerpfeffer, Gamander, Schwertalant, Himmelsleiter, Ochsenzunge, Ziest und Königskerze könnten Sie einen dekorativen Garten für wilde Bienen gestalten.

1

Kinderstuben für Wildbienen

Hohle und markhaltige Pflanzenstängel, wie zum Beispiel von Holunder, Brombeere, Königskerze, Distel und Sommerflieder, werden ab sofort nicht mehr weggeworfen, sondern getrocknet, gebündelt und ab März mit nach oben zeigender Schnittstelle aufgehängt.

Bambusrohr aus dem Baumarkt oder Bastelladen mit bis zu 1 cm Innendurchmesser wird in 10 bis 20 cm lange Abschnitte zerlegt, die nach vorne offen und hinten jeweils durch einen natürlichen Knoten geschlossen sind. Mit ihnen können die Kinder leere Konservendosen füllen oder man steckt sie in die Hohlräume von Lochziegeln. Genauso funktioniert es natürlich auch mit selbst gesammeltem Schilfrohr.

Holzklötze und Baumscheiben, am besten von Eiche, Buche, Esche oder Obstgehölzen, müssen mindestens 6 cm stark sein, um eine gute Bienenkinder-Wiege, zum Beispiel für Mauer- und Löcherbiene, abzugeben. Die kleinen Tierfreunde bohren Löcher mit 2 bis 10 mm Durchmesser in das Holz, die etwa 5 cm tief sein können. Holzmehl und abstehende Fasern entfernen! In dickeren Holzklötzen haben Gänge bis zu 10 cm Tiefe Platz. Dabei muss darauf geachtet werden, dass die Holzwand hinten geschlossen ist. Die meisten geflügelten Interessenten finden sich für Bohrlöcher von 3 bis 6 mm Stärke.

Lochziegel, waagrecht aufeinander gestapelt, sind bei einigen Wildbienen-Arten ebenfalls heiß begehrt.

Morsche Holzstücke, die sich leicht im Garten verstecken lassen, bilden für Pelzbiene, Blaue Holzbiene und Blattschneiderbiene die bevorzugte Kinderstube.

An einem starken gegabelten Ast, den Sie mit Ihren Kindern vom Waldspaziergang mitbringen, könnten die meisten der selbst gebastelten Nisthilfen an Drahtbügeln aufgehängt werden. Der Rest – auch leere Schneckenhäuschen – wird unten herum drapiert. Das wirkt im Garten fast so dekorativ wie ein »echtes« Kunstwerk und macht obendrein wilde Bienen glücklich.

Ein Platz an der Sonne und, wenn möglich, sogar etwas **Regenschutz** (etwa unter dem Balkon oder einem Dachvorsprung) sind für Bienen-Kinderstuben ideal.

2

1 Ein Zuhause für Bienen-Kinder.

2 Wildbienen lieben süßen Nektar und helfen bei der Bestäubung.

Es ist aber nicht nur Futtermangel, der den Weiterbestand vieler Wildbienen-Arten bedroht. Oft sind auch fehlende Nistmöglichkeiten Ursache für den Rückgang. In der freien Natur erwählen sich die Wildbienen morsches Holz, hohle Pflanzenstängel, leere Schneckenhäuschen, Lößwände und Hohlwege als Kinderstube und haben mit dem Finden immer größere Probleme. Zum Glück lässt sich bei der Wohnungsnot vieler Wildbienen im Garten Abhilfe schaffen (siehe Kasten Seite 69). Und nur keine Angst! Für Kinder sind die kleinen Blütensauger völlig ungefährlich. Sie müssen nicht wie Honigbienen oder Wespen ihren Staat verteidigen. Ihr Wesen ist deshalb so friedlich, dass auch unsere Kleinen sie aus allernächster Nähe gefahrlos beobachten können. Sie versuchen sich nur zu wehren, wenn man sie festhält oder quetscht. Bei vielen Arten ist jedoch der Stachel so schwach, dass er unsere Haut gar nicht durchdringen könnte.

Ein Freund zum Knuddeln

»Mama, Papa, ich wünsche mir so sehr einen Hund (eine Katze, ein Meerschweinchen, ein Kaninchen ...).« Dass Ihr Kind irgendwann einmal damit ankommt, darauf können Sie sich verlassen. Es wird Ihnen hoch und heilig versprechen, dass es auch ganz bestimmt – je nach Tierart – den Käfig sauber halten, für Futter sorgen oder auch spazierengehen will. Doch im Vertrauen: Glauben Sie kein Wort! Sie werden sich den Mund mit Ermahnungen »fusselig« reden und schließlich doch hin und wieder selbst Löwenzahn für »Klopfer« sammeln müssen oder zur Leine greifen, um mit »Bello« eine Runde zu drehen.

Aber trotzdem! Wenn Sie sich mit diesem Gedanken anfreunden können, erfüllen Sie Ihrem Kind doch den Herzenswunsch. Sämtliche Experten sind sich einig: Tiere fördern das soziale Verhalten der Kinder; die Kleinen lernen, Rücksicht zu nehmen und Verantwortung zu tragen. Und auch dies ist eine Tatsache: Kinder, die mit Tieren umgehen, stärken ihre natürlichen Abwehrkräfte und entwickeln weniger Allergien. Ausnahmen bilden Kinder von Allergikern, die bekanntermaßen von Geburt an selbst ein hohes Allergierisiko tragen. Hier könnten Tierhaare und Federn Krankheitsauslöser sein.

Die beste Voraussetzung für den neuen Mitbewohner ist ein Garten! Wer in Kauf nimmt, dass Beete und Rasen in Zukunft nicht immer ganz so perfekt aussehen (aber dazu tragen ja auch die Kinder schon bei), wird viel Freude am vierbeinigen Familienzuwachs haben. Ein eigenes Tier – dafür sind Fünf- und Sechsjährige schon groß genug. Sie haben die Tollpatschigkeit des Kleinkindes abgelegt und gelernt, ihre Kräfte dosiert einzusetzen. Sie können schon einschätzen, wie fest man zupacken darf, ohne weh zu tun. Auch sind sie in der Lage – mit Hilfe der Eltern oder von größeren Geschwistern – die nötigen Pflichten zu erledigen. Den Käfig sauber zu halten, das Tier zu füttern und sich täglich mit dem kleinen Freund im Pelz oder Federkleid zu beschäftigen, das ist auch von den Kleinen

1 Ein eigenes Tier – davon träumen alle Kinder.

2 Zum Knuddeln und Herumtoben eignen sich kleine Stubentiger bestens.

nicht zu viel verlangt. Nur an Ausdauer fehlt es ihnen noch. Erst Acht- bis Zwölfjährige sind so weit, dass sie ein Tier selbständig betreuen können. Doch auch jetzt noch gilt für die Eltern: »Vertrauen ist gut, Nachschauen ist besser.«

Kaninchen – ideale Schmusetiere

Kleine Kinder lieben Tiere mit weichem Fell, die sie streicheln und knuddeln können. Eine Schildkröte ist deshalb nicht geeignet, dafür aber Kaninchen. Die gibt es in den unterschiedlichsten Züchtungen, in vielen Farben, kurzhaarig oder mit ganz langem Plüschfell, mit und ohne Schlappohren, vom großen »Stallhasen« bis hin zum Zwergkaninchen.

Die Rassenvielfalt ist so immens, dass die Wahl wirklich schwer fällt. Soll ich Ihnen einen ganz persönlichen Tipp aus meiner langjährigen Kaninchen-Erfahrung geben? Mittelgroße Rassen – wie etwa der Rote Neuseeländer – eignen sich für Kinder am besten. Sie sind so »handlich«, dass sie von den Kleinen gut herumgetragen werden können, aber doch robust genug, um auch mal eine etwas heftig ausgefallene Liebesbezeugung ohne weiteres wegzustecken. Und noch etwas: Männchen zeigen sich im allgemeinen deutlich geduldiger, anhänglicher und verschmuster als Weibchen – die eher einmal kratzen oder zwicken, wenn ihnen etwas nicht passt.

Bauen Sie Ihrem Mümmelmann einen geräumigen, schönen Stall auf Stelzen, also ohne direkten Bodenkontakt, mit einer extra Schlafkammer. Damit es im Winter auch warm genug ist, braucht er doppelte Wände mit einer isolierenden Styroporplatte dazwischen.

2

Weil Kaninchen sich nie weit von ihrer Höhle (oder ihrem Stall) entfernen, können Sie das zutrauliche Langohr getrost frei im Garten hüpfen lassen. Es wird sich ohnehin meist in Ihrer Nähe aufhalten. Nur groß genug muss das Tierchen schon sein, damit Katzen es nicht als Beute betrachten. Abends muss sich das Kaninchen frühzeitig im gut verschlossenen Stall befinden, bevor Fuchs und Marder auf Raubzug gehen, und tagsüber sollte es über ein Brett jederzeit im Stall Zuflucht suchen können.

Stubentiger und Bellos

Ein junges **Kätzchen** gibt einen prima Gefährten für ein Kind ab fünf Jahren ab – denn beide spielen und tollen gern. Allerdings hat Mieze ihren eigenen Kopf: Will sie ihre Ruhe haben und der kleine zweibeinige Quälgeist geht nicht darauf ein, setzt es was mit der Pfote. Eine Lektion zum Thema Rücksichtnahme eben nach Katzenart!

Wer seinem Stubentiger eine Freude machen will, pflanzt ihm Katzenminze – am besten gleich einen dicken Tuff. Viele Miezen sind völlig hingerissen von dessen Aroma und wälzen sich ausgiebig im blaugrünen, duftenden Blattwerk. Damit aber Ihre Katze nicht auf die Idee kommt, Ihre Beete als Toilette zu benützen, pflanzen Sie am besten viele Bodendecker, die dichte grüne Teppiche knüpfen, oder verteilen Sie eine dicke Mulchschicht zwischen den Pflanzen. Denn die Miezen lieben trockene, freie Flächen. Bieten Sie Ihrer Katze deshalb einen eigenen kleinen Sandplatz, der vom Regen möglichst geschützt ist, und decken Sie den Sandkasten Ihrer Kinder zu.

1 Ein niedriger Flechtzaun sagt es dem Hund deutlich: Hier ist Betreten verboten!

2 Wo Welpen toben und Rüden gern das Bein heben, hilft ein Hochbeet. Das entführt Gemüse und Kräuter in sichere Höhe.

3 Hunde sind für jeden Spaß zu haben und gehen mit ihrem kleinen Herrchen durch dick und dünn.

Ein **Hund** ist idealer Spielgefährte und treuer Begleiter für Kinder ab acht Jahren, der sein kleines Herrchen sogar verteidigt, wenn ihm Gefahr droht. Weil man sich beim Gassi gehen aber auch durchsetzen muss, zum Beispiel wenn »Bellos« Lieblingsfeind auf der anderen Straßenseite auftaucht, sollte Ihr Kind kräftig genug sein, um den Hund zurückhalten zu können. Bei größeren Hunderassen ist das eher einem Kind ab zehn oder zwölf Jahren zuzutrauen.

Der Hund ist ein besonders soziales Rudeltier, das engen Familienanschluss sucht und viel Bewegung braucht. Dabei hat er oft ganz eigene Vorstellungen von der Gartennutzung.

Ein wichtiger Tipp hilft, Konflikte zu vermeiden: Legen Sie Ihrem temperamentvollen Vierbeiner einen »Bellweg« direkt entlang der Gartengrenze an – am besten um das ganze Grundstück herum. Die Blütenpracht planen Sie entsprechend etwas weiter vom Zaun entfernt. Auf diese Weise haben Blumen gute Chancen zu überleben, wenn der Briefträger oder Nachbars »Lumpi« vorbeilaufen oder ein Motorrad heranknattert.

Wo Sie den Hund auf keinen Fall haben wollen, setzen Sie von Anfang an konsequent Tabus. Was »Betreten verboten« heißt, begreift »Klein-Bello« schon erstaunlich schnell. Noch leichter geht es, wenn Sie anfangs durch Zeichensetzung ein wenig nachhelfen. Sie können Ihre Beete einfach mit Bambusstangen und Kokosschnur umzäunen oder Haselruten in Bögen in die Erde stecken. Auf Stabilität kommt es dabei gar nicht an, die deutliche optische Begrenzung ist wichtig! Wenn Sie energisch darauf bestehen, wird Ihr Vierbeiner diese Markierungen bald akzeptieren. Absolut welpensicher ist natürlich ein Hochbeet, das Gemüse und Kräuter in unerreichbare Höhen entführt.

Wie wäre es mit Hühnern?

Hühner sind wirklich nützliche Haustiere, die frische Eier für das Frühstück liefern. Oben-

1 Kinderglück: Ein Streichelzoo direkt vor der Haustüre.

2 Ei, Ei, Ei: Gute Pflege wird belohnt.

dem Tauchen haben es Laufenten überhaupt nicht!). Und natürlich wird auch ein kleiner Stall benötigt, der sicheren Schutz vor schlechtem Wetter, aber auch vor Fuchs und Marder bietet. Das schnell zahme und anhängliche Federvieh begeistert nicht nur Kinder, sondern auch ihre gärtnernden Eltern. Denn die Lieblingsspeise von Laufenten sind Nacktschnecken und deren Eier. Ganz wichtig: Weil ihnen die schleimigen Plagegeister leicht im Halse stecken bleiben, brauchen die Quaker unbedingt immer frisches Wasser zum Nachspülen.

drein werden sie sehr zahm und lassen sich gerne herumtragen. Doch die gackernden Eierleger zählen leider zu den Feinschmeckern. Wehe, wenn sie in die Beete geraten! Was an zarten Pflänzchen nicht im Magen landet, wird auf der Suche nach Käfern und Würmern entschlossen bei Seite gescharrt und dörrt entwurzelt in der Sonne. Selbst Rasen hält solch rüder Behandlung nicht lange Stand. Deshalb hilft eigentlich nur eines: einzäunen! Es sei denn, Sie entscheiden sich für die putzigen **Seidenhühner** aus Asien. Zu erkennen ist die Rasse an ihrem seidigen Gefieder, das fast wie ein Haarkleid wirkt, sowie an der typisch blau gefärbten Haut. Das flugunfähige Federvieh liefert Eier wie die Verwandtschaft, vertilgt Schnecken und andere Schädlinge – scharrt aber dabei kaum und macht deshalb im Garten auch nichts kaputt. Also sozusagen eine Art biologische Schädlingsbekämpfung im Federkleid!

Lauf Ente, lauf ...

Die stromlinienförmigen Quaker werden ihrem Namen absolut gerecht: **Indische Laufenten** können nämlich nicht fliegen und bewegen sich – anders als ihre schwerfällig watschelnde Verwandtschaft – sehr aufrecht und gerade und manchmal auch ziemlich rasant vorwärts.

Wer die putzigen Tiere mit braunem, weißem oder geschecktem Federkleid im Garten halten möchte, muss ihnen einen entsprechenden Lebensraum bieten: ein Freigehege mit Möglichkeit zum ausgiebigen Planschen im flachen Wasser (mit

Ein Beet
für kleine Gärtner

Im eigenen Gärtchen pflanzen und ernten

Kinder lieben Gemüse. Doch, ganz bestimmt! Sie wissen es vielleicht nur noch nicht. Eines ist nämlich dabei ganz wichtig: Es muss auf dem eigenen Beet gewachsen sein. Dann, für Eltern kaum zu glauben, verputzen kleine Gemüsemuffel plötzlich auch so unbeliebtes Grünzeug wie zum Beispiel Spinat mit höchstem Genuss.

Wenn die Großen im Garten arbeiten, die Beete pflegen, neues Grün pflanzen oder Reifes ernten, werden sie dabei meist von kleinen zweibeinigen Trabanten umkreist, die sich brennend für sämtliche Tätigkeiten interessieren. Erst wird ein bisschen geholfen – denn Kinder hantieren begeistert mit allen möglichen Gartengeräten herum und nutzen nur zu gerne die Chance, sich von oben bis unten schmutzig zu machen. Außerdem gibt es ja so viel Aufregendes zu entdecken, über wie unter der Erde. Ist es nicht zum Beispiel ein echtes Wunder, dass aus einem winzigen Samenkorn, das man in den Boden legt, bald ein richtiges Pflänzchen sprießt? Darüber können sich Kinder immer wieder aufs Neue entzücken. So dauert es auch nicht lange und es reift der Wunsch heran: «Ich möchte ein eigenes Beet haben!«

Die Wunder der Natur entdecken

Damit ist es an der Zeit, ein geeignetes Plätzchen zu finden – wo Kinder nach Lust und Laune in der Erde buddeln und ihre Lieblingspflanzen großziehen können. Vielleicht werden sie dort Kürbisse, Kohlrabi und Erdbeeren aufpäppeln, eine Mini-Baumschule anlegen – Kastanien, Eicheln, Bucheckern keimen ganz problemlos – ein buntes Blumenbeet kreieren oder sonst irgendwelche Experimente unternehmen.

1 Gartenprofis im Mini-Format: Selbst gepflanztes und geerntetes Gemüse schmeckt gleich nochmal so gut.

2 Ein eigenes kleines Gärtchen! Hier dürfen die Kinder ungestört ihre Erfahrungen sammeln.

2

Sie werden spielerisch die Wunder der Natur entdecken aber auch herausfinden, dass es durchaus Schattenseiten gibt. Den liebevoll gehegten Pflanzen nämlich kann allerhand passieren: Schnecken durchlöchern den Salat, Grauschimmel macht sich auf den Erdbeeren breit, Maulwurfsgrillen haben es auf zarte Wurzeln abgesehen – und dann noch die Blattläuse! Was soll man bloß tun, um all das leckere Gemüse heil durch die lauernden Gefahren zu bringen? Wie bewahrt man es bis zur Ernte vor Schädlingen?

Dass Amseln, Stare und Spitzmäuse die natürlichen Feinde von Maulwurfsgrillen sind, dass Marienkäfer und ihre Larven jede Menge Blattläuse vertilgen und dass Zwiebeln oder Lauch in Mischkultur Möhren von der Möhrenfliege bewahren – Kinder lernen im eigenen Beet mehr über die komplizierten natürlichen Zusammenhänge als im besten Biologie-Unterricht. (Weil Lehrer dies wissen, werden in vielen Schulen Gärten angelegt und von Kindern betreut.)

Auch dass Regenwürmer gar nicht eklig sind, sondern den Boden lockern und Gartenabfälle wie Gras und welkes Blattwerk auf dem Komposthaufen in wunderbar duftende, feinkrümelige Erde verwandeln helfen, ist eine der Erkenntnisse, die kleine Gärtner gewinnen. Verständnis für Lebewesen – ob Pflanze oder Tier, Achtung vor der Umwelt und eine ordentliche Portion Verantwortungsbewusstsein, dies gehört neben knackigen Radieschen und süßen Erdbeeren zur reichen Ernte im Kinderbeet. Und das Schönste dabei ist: Das Lernen geht einfach so nebenbei und ist gekoppelt mit viel Spiel, Spaß und grünen Überraschungen. Außerdem, das freut die Eltern, ist die Bewegung an der frischen Luft ein wunderbarer Ausgleich für viele Stunden Sitzen im Haus – angefangen bei den Hausaufgaben bis hin zur Zeit, die der Nachwuchs vor Fernseher und Computer verbringt.

Was kommt aufs Beet?

Kinder sind schnell zu begeistern, aber genau so rasch wenden sie sich von einer aufregenden Entdeckung der nächsten zu. Schließlich wartet ja noch so viel Neues auf sie! Sich längere Zeit auf ein bestimmtes Projekt zu konzentrieren, das will erst noch gelernt werden. Also überfordern Sie Ihren Nachwuchs nicht!

Damit Kinder die Freude am Gärtnern behalten, brauchen sie Erfolg – und zwar möglichst schnell. Wählen Sie mit ihnen gemeinsam Pflanzen aus, die ohne besondere Pflege heranwachsen, rasch und zuverlässig blühen und Früchte tragen. Erdbeeren, Cocktail-Tomaten, Radieschen, Sonnenblumen, Löwenmäulchen und Feuerbohnen haben sich dabei als echte Kinderlieblinge erwiesen.

Gemüse ist natürlich in erster Linie zum Essen da, aber manche Arten sind so schön bunt gefärbt, dass man sie ohne weiteres in das Blumenbeet pflanzen könnte. So gibt es zum Beispiel eine Fülle von kinderleicht zu ziehenden Kopf-, Pflück- und Schnittsalaten mit hübschen Blattformen und attraktiven Farben – etwa die Pflücksalate 'Lollo Rossa' und 'Lollo Bionda' und der Eichblattsalat 'Red Salad Bowl'. Mangold 'Bright Lights' zeigt an Stielen und Blattadern faszinierende Regenbogenfarben und Zierkohl mit cremeweißen oder rosa bis violetten Blätterrüschen ist nicht nur so dekorativ wie ein Blumenstrauß, sondern schmeckt dazu noch gut. Klar, dass Kinder ihren Spaß daran haben!

Beliebt beim Nachwuchs ist auch Gemüse wie Erbsen, Kohlrabi, Karotten, Radieschen, das man roh verspeisen kann, am liebsten gleich frisch vom Beet. Wenn dann manchmal noch ein bisschen Erde zwischen den Zähnen knirscht, was macht das schon?

Manche kleinen Naschkatzen sind vielleicht mehr auf **leckere Früchte** aus. »Wie Kirschen und Beeren behagen, musst du Kinder und Sperlinge fragen«, das wusste schließlich

Grüne Kinder-Lieblinge

Alles, was schnell wächst, gut schmeckt und schön bunt ist, steht ganz oben auf der Hitliste kleiner Gärtner.

Feines für Naschkatzen:

Apfel: Keine Frucht ist so vielseitig zu verwenden und dabei so gesund. Platzprobleme? Dafür gibt es zum Beispiel Spalierformen, die an Mauern oder Zäunen gezogen werden. Direkt auf dem Beet oder in einem geräumigen Kübel könnte ein Ballerina-Apfel einziehen. Er steht auf kleinen Füßen und wird bei einer Länge von 3 m nur 30 cm breit.

Brombeeren: Dornenlose Sorten wie etwa 'Loch Ness' stehen bei Kindern besonders hoch im Kurs. Damit lässt sich zum Beispiel ganz leicht ein Tunnel aus Haselruten beranken.

Mini-Tomaten: Klein wie Kirschen und die süßesten von allen! Kein Kind kann den verführerisch rot gefärbten Früchtchen widerstehen. Wie die anderen Tomaten auch, beginnen sie ihr grünes Leben im März auf der warmen Fensterbank und dürfen nach den Eisheiligen – Mitte Mai – ins Freie.

Erbsen, speziell Zuckererbsen, bei denen man die Hülsen gleich mitessen kann, finden meist erst gar nicht den Weg zum Kochtopf – sie landen gleich roh im Kindermund. Auf dem Beet brauchen sie eine Kletterhilfe, dafür genügen aber schon trockene, abgenadelte Fichtenzweige, die man in den Boden steckt.

Erdbeeren: Die süßen Früchtchen schmecken nicht nur herrlich, sie sind auch kinderleicht zu pflegen und gedeihen sogar in Töpfen. Die kleinen, besonders aromatischen Monatserdbeeren und ihre Verwandten, die Walderdbeeren, versprechen ein noch ausgedehnteres Ernte-Vergnügen.

Feuerbohnen erobern ihr Rankgerüst in Rekordzeit. Deshalb eignen sie sich auch so gut als grüne Wand für kleine Kuschelhöhlen. Kindern gefallen die großen feuerroten Blüten und erst recht die lilafarbenen dicken Bohnen mit den schwarzen Sprenkeln, die man so gut als Spielgeld verwenden kann. Wie alle Bohnen dürfen sie aber nicht roh gegessen werden!

Himbeeren: Nur selten schmecken Vitamine so himmlisch! Die Ruten werden ganz einfach an Drähten gezogen und – wichtig! – direkt nach der Ernte ausgelichtet.

Johannisbeersträucher gibt es mit roten, weißen oder schwarzen Früchten. Als Hochstämmchen brauchen sie besonders wenig Platz und die Beeren wachsen den kleinen Gärtnern direkt in den Mund.

Kürbis macht allen Kindern Spaß – es gibt ihn in vielen Formen, Farben und Variationen. Auf der Fensterbank vorgezogen, darf er auf das Beet, sobald die Frostgefahr vorbei ist. Unglaublich, wie schnell er sich dann mit seinen langen Ranken im Garten ausbreitet. Und erst die dicken Früchte! Sie müssen geerntet werden, bevor es im Herbst richtig kalt wird – aber spätestens an Halloween braucht man sie sowieso (siehe Seite 126).

Pflücksalate werden blattweise geerntet, immer nur so viel, wie man gerade braucht. Weil ständig Laub nachwächst, gibt es den ganzen Sommer über frische Vitamine.

Radieschen: Die großen runden Samenkörner lassen sich kinderleicht dosieren, etwa alle 5 cm sollte eines davon in die Erde kommen. Danach immer gut feucht halten, sonst schmecken die zarten »Wurzeln« scharf.

Stachelbeeren: Die kugeligen Früchte sind, je nach Sorte, gelb, weiß, grün oder rot gefärbt. Dornenlose Züchtungen machen das Naschen zum besonderen Vergnügen.

Steckzwiebeln sind etwa haselnussgroß, wenn sie im April in den Boden kommen. Aus jeder kleinen Saatzwiebel wächst in wenigen Wochen ein beeindruckend dickes Exemplar heran.

Zucchini kann man beim Wachsen beinahe zusehen – deshalb brauchen sie auch mindestens einen Quadratmeter Platz. Essen kann man übrigens nicht nur die Früchte in allen Wachstumsstadien, sondern auch die Blüten.

Zuckermais ist nicht mit dem Futtermais zu verwechseln. In der ersten Maihälfte kommen – im Abstand von 10 cm – je zwei bis drei Körner zusammen 5 cm tief in die Erde. Nur die kräftigsten Pflanzen bleiben schließlich stehen (Abstand etwa 30 cm). Geerntet wird, so lange die Körner noch weich und milchig sind.

Blütenpracht fürs Kinderbeet:

Duftwicken lassen sich im Frühjahr direkt ins Freie säen und hangeln sich im Nu an allen extravaganten Klettergeräten empor, die sich Kinder für sie ausdenken. Ihre duftenden Blüten entfalten sie so direkt in Nasenhöhe.

Kapuzinerkresse – die kletternden Sorten streben gerne nach Höherem und sind deshalb für Unterstützung dankbar. Mit den essbaren Blüten kann man Salate hübsch verzieren.

Grüne Kinder-Lieblinge

Lampionblumen sind im Herbst mit leuchtend orange gefärbten Lampions behängt, die sich gut für Gestecke trocknen lassen. Achtung: sie wuchern!

Löwenmäulchen faszinieren schon Generationen von Kindern. Drückt man die Blüten vorsichtig zusammen, öffnet sich ein hungriges Mäulchen.

Ringelblumen zeigen erst nach der Blüte, wie sie zu ihrem Namen kommen – durch die geringelten Samen, die wie kleine Räupchen aussehen.

Silberling: Die papierdünnen Scheidewände der aufgeplatzten Schoten erinnern an Silbermünzen. Einmal gepflanzt, sät sich die zweijährige Blume mit den hübschen violetten Blüten ganz von selbst aus.

Sonnenblumen: Die großen Samenkörner sind leicht zu greifen, keimen zuverlässig und brechen beim Wachsen alle Höhenrekorde. Die größten Exemplare überragen ihre stolzen Besitzer gleich um Meter.

Tränendes Herz: Aufgereiht wie Perlen an einer Kette hängen kleine, rosaweiße Herzen an langen Blumenstängeln. Zieht man die beiden Blütenhälften eines Herzchens auseinander, erscheint »Oma in der Badewanne«: eine kleine weiße Dame mit einer altmodischen Haube auf dem Kopf, die gerade ein Bad nimmt.

① 2 Duftwicken
② 2 Sonnenblumen
③ 4 Zuckermais
④ 2 Cocktail-Tomaten
⑤ 1 Zucchini
⑥ 12 Wald-Erdbeeren
⑦ 2 Reihen Erbsen
⑧ 2 Reihen Radieschen, danach 5 Pflücksalat
⑨ 2 Kapuzinerkresse
⑩ 3 Löwenmäulchen
⑪ 3 Zierkohl

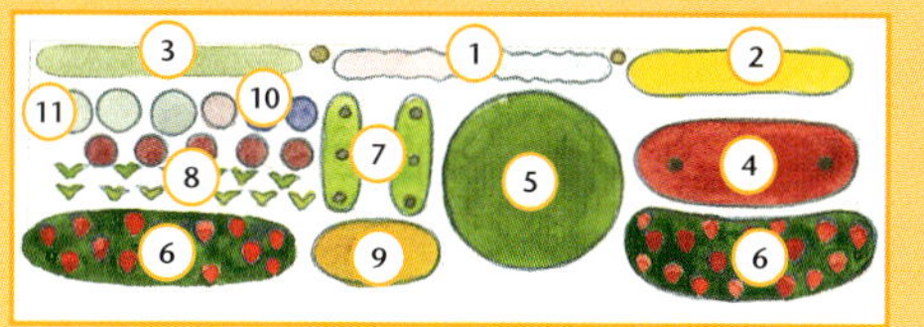

schon Goethe. Frisch geerntetes Obst und Beeren sind obendrein noch sehr gesund, weil sämtliche Vitamine und andere wichtige Inhaltsstoffe auf dem kurzen Weg von der Hand in den Mund erhalten bleiben. Ganz im Gegensatz zu dem, was es oft in den Geschäften zu kaufen gibt! In das Naschgärtchen der Kinder passt alles, was frisch von der Pflanze gegessen werden kann und für kleine Hände leicht erreichbar ist – also Himbeeren, stachellose Brombeeren, Johannisbeeren, Stachelbeeren. Aber achten Sie darauf, dass keine Giftpflanzen mit Beeren in der Nähe wachsen, damit es nicht zu verhängnisvollen Verwechslungen kommt.

Auch Blüten lieben kleine Gärtner. Mit viel Spaß verbunden ist die Aussaat von unkomplizierten **Sommerblumen**: Ringelblume, Schlafmützchen (Goldmohn), einjähriges Schleierkraut, Sonnenblume, Schmuckkörbchen, Schleifenblume, Zinnie, Duftsteinrich, Jungfer im Grünen, Strohblume, Bienenfreund, Kapuzinerkresse und die herrlich duftende Resede – sie alle können im Mai direkt ins Beet gestreut werden. Im Handel gibt es außerdem Sommerblumen-Mischungen – kunterbunt oder nach bestimmten Farben zusammengestellt –, die in wenigen Wochen ein ganzes Beet zum Blühen bringen.

Eines steht fest: Mit Schnittlauch vom eigenen Beet schmeckt das Butterbrot gleich noch einmal so gut. Aber auch andere **Kräuter** begeistern kleine Gärtner. Da wäre zum Beispiel die Zitronenmelisse, die so unnachahmlich nach den gelben Zitrusfrüchten duftet. Und natürlich darf Lavendel nicht fehlen. Fazit: Für die ganz speziellen Nasen- und Gaumenfeuden sind Kräuter auf dem Kinderbeet einfach unentbehrlich. Wie schön, dass es neuerdings eine derart riesengroße Auswahl gibt!

Was tun, damit die Pflänzchen wachsen?

Beim Säen und Pflanzen sind die Nachwuchs-Gärtner stets begeistert bei der Sache. Weil die Kleinen aber noch keine Vorstellung davon haben, wie schnell winzige Pflänzchen in wenigen Wochen heranwachsen, brauchen sie zunächst etwas Hilfestellung durch die Erwachsenen. Mit wetterfestem Filzstift beschriftete Kieselsteine im Beet verraten, an welcher Stelle gesät oder gepflanzt wurde. Ein echtes Kinderspiel ist die Aussaat mit Saatbändern, auf denen die Samen schon mit dem richtigen Abstand platziert sind. Damit kann eigentlich nichts mehr schiefgehen, denn selbst das Vereinzeln von feinstem Möhren- oder Radieschen-Jungwuchs erübrigt sich.

Kälteempfindliche Blumen und Gemüsearten dürfen nicht gleich auf das Beet gestreut werden, sondern beginnen ihr grünes Leben im zeitigen Frühjahr auf der Fensterbank. Sie kommen erst nach draußen, wenn die Frostgefahr vorbei ist. Auch Pflanzen, die ganz oben auf der Schnecken-Speisekarte stehen,

1 Eine kleine Naschkatze bei der Himbeer-Ernte.

2 Wenn es ums Gießen geht, sind Kinder gern zu jeder Hilfe bereit. Der Umgang mit Wasser ist einfach zu verlockend.

sollten in Töpfen vorgezogen werden, bis sie kräftig genug entwickelt sind, um den schleimigen Plagegeistern davon zu wachsen. Größeren Kindern macht es oft Spaß, die Anzucht selbst zu übernehmen.

Stiefmütterchen, Löwenmäulchen, Salat, Kohlrabi und anderes Gemüse gibt es aber auch schon als fertige Jungpflanzen beim Gärtner zu kaufen. Hier sieht man den Erfolg besonders schnell – also genau das richtige für die ganz Kleinen oder für den besonders ungeduldigen Gärtner-Nachwuchs.

So wird's was: Das Beet am richtigen Platz

Weniger einfach ist allerdings das Anlegen des Beetes. Beim Umgraben und Vorbereiten ist die Mithilfe der Eltern unbedingt gefragt. Damit die Mühen der kleinen Gärtner belohnt werden, sollte das Kinderbeet einen wirklich guten Platz erhalten. Sonnige, windgeschützte Lage, fruchtbarer, von Unkraut befreiter Boden und in der Nähe Wasser zum Gießen – das sind die besten Voraussetzungen für gesunde Pflanzen und für ein unbeschwertes Gärtnerdasein. Welche Freude, wenn dann das erste Grün aus dem Boden spitzt, welcher Stolz, wenn die Sonnenblumen sämtliche Höhenrekorde brechen, welcher Genuss, wenn die ersten zuckersüßen Erbsen auf der Zunge zergehen!

Zum Glück ist chemischer Pflanzenschutz in den meisten Gärten längst tabu. Aber überall dort, wo Kinder zu Hause sind und von den Beeten naschen, sollte Gärtnern ohne Gift alleroberstes Gebot sein. Auch wenn es nicht immer leicht ist, Schnecken, Blattläusen und andere Plagegeister als Teil des Naturkreislaufs zu betrachten ...

Am besten ist es, zunächst einmal klein anzufangen – wenn nötig, kann das Kinderbeet ja immer noch vergrößert werden. Ein zu ausgedehntes Areal überfordert die Kleinen und der Spaß am Gärtnern wird ihnen gründlich verdorben. Weil kleinen Kindern Unkraut jäten und andere Pflegearbeiten eher langweilig sind, ist ab und zu »unbürokratische« Hilfe der Großen gefragt. Am besten pflegen Sie das Kinderbeet unauffällig mit, wenn Sie Ihre eigenen Beete versorgen. Von fortgeschrittenen Nachwuchsgärtnern kann man dann schon etwas mehr Ausdauer erwarten.

Als Faustregel gilt: Das Kinderbeet darf höchstens doppelt so breit sein wie der Arm des kleinen Gärtners lang ist – je nach Größe also 70 bis 100 Zentimeter. So kann die Fläche gut vom Rand aus bearbeitet werden und der Nachwuchs trampelt nicht zwischen den Pflanzen herum.

Größere Kinder haben vielleicht schon Lust auf ein ganzes Gärtchen, das sie dann gerne mit einem Zaun umgeben, um es optisch vom Bereich der Erwachsenen zu trennen. Dazu eignen sich zum Beispiel stärkere Äste von Laubbäumen (etwa von der Buche), die man als Fundstücke vom Waldspaziergang mitbringt. Sie geben einen feinen rustikalen Handlauf ab, den man auf in den Boden geschlagene Pfosten nagelt. Auch Flechtwerk aus Hasel- oder Weidenruten passt gut als

2

optische Trennung zwischen Mein und Dein. Spalierobst – an dicken Drähten gezogen – als Begrenzung wird kleine Naschkatzen besonders begeistern.

Fantastische Muster und viel Buntes

Wenn in der kalten Jahreszeit das Gemüse geerntet und die Blumen vom Frost dahin-

gerafft sind, kann der Kindergarten ziemlich kahl aussehen. Ein hübsches geometrisches Muster aus Beeten und schmalen, mit Rindenmulch bestreuten Wegen dazwischen macht ein Schmuckstück daraus, und die Bearbeitung in »handlichen« Portionen fällt auch viel leichter. Kreise, Quadrate, Dreiecke, Spiralen – wer sagt denn, dass ein Beet immer nur rechteckig sein muss? Bestimmt sprudelt Ihr Nachwuchs nur so über vor Ideen, wenn Sie ihm ein bisschen auf die Sprünge helfen!

Die Beete selbst bekommen am besten ebenfalls einen Rahmen – zum Beispiel aus bunten, selbst gesammelten Kieseln. Das hält nicht nur die Erde dort, wo sie hin gehört, sondern sieht auch noch hübsch aus.

Und was bringt sonst Leben und Farbe in die Beete? Na, zum Beispiel ein selbst gebasteltes Windrad – das sich schon beim leisesten Lufthauch dreht, ein Klangwindspiel, dem der Wind zarte Melodien entlockt, bunt bemalte und bepflanzte Tontöpfe und fantasievoll gestaltete Kletterhilfen für grüne Klettermaxe. Den Garteneingang könnte ein Blumenbogen oder vielleicht sogar ein Tunnel aus Hasel- oder Weidenruten schmücken, an dem, wenn er stabil genug ist, Zierkürbis, Feuerbohnen oder eine dornenlose Brombeere ranken.

1

Werkzeug und Geräte für Kinderhände

Natürlich braucht ein kleiner Gärtner auch die passenden Geräte. Doch die, die wir Erwachsenen verwenden, sind meist nicht geeignet. Die große Schubkarre ist zu unhandlich, die Gießkanne zu schwer und der Stiel des Rechen zu lang. Darum empfiehlt es sich, das am häufigsten benutzte Gartenwerkzeug – extra für den Nachwuchs – auch ein paar Nummern kleiner anzuschaffen. Im nächsten Gartencenter werden Sie bestimmt fündig.

Zur **Grundausstattung** gehören: Schaufel, Rechen, Hacke, ein Schubkarren im Mini-Format und – ja nicht vergessen! – eine kleine Gießkanne, denn Kinder gießen leidenschaftlich gern. Dringend gebraucht werden auch Gummistiefel, und ein Paar fester Handschuhe könnte die Ausrüstung noch abrunden.

Erwarten Sie nur nicht, dass das Kinderbeet genauso ordentlich aussieht wie der übrige, von den Erwachsenen gepflegte Garten. Kinder haben da nämlich ihre ganz eigenen Vorstellungen. Das Beste für alle Beteiligten

2

ist deshalb, wenn Sie sich zurückziehen, sobald Sie dem Nachwuchs alles Wichtige beigebracht haben. Sie wissen ja: Kinder möchten ihre eigenen Erfahrungen machen. Sie werden staunen, was die Kleinen alles ganz allein auf die Reihe bringen, ohne dass die Erwachsenen dazwischenfunken. Und dann – mit den ersten Erfolgen – ist es soweit: Plötzlich machen gesunde Sachen auch noch richtig Spaß!

1 Gartengeräte im Mini-Format sind genau das Richtige für unsere Nachwuchs-Gärtner.

2 Bei einer Schönheitskonkurrenz der Vogelscheuchen würde diese Dame bestimmt einen Preis gewinnen.

Spielereien im Kinder-Beet

Wer hat die Größte? An „Wuchs-Wettbewerben" haben Kinder viel Spaß. Stolzer Besitzer des größten Kohlrabis, der längsten Karotte und des dicksten Kürbis zu sein – das ist doch was! Sehr gut eignen sich auch Sonnenblumen für solche ehrgeizigen Pläne. Natürlich dürfen – wegen der Chancengleichheit – nur Samen von der selben Sorte an die kleinen Kontrahenten verteilt werden. Ausgesät wird nebeneinander in ein Beet. Wetterfeste Namens-Schilder aus Prägefolie (Schreibwarengeschäft!), beschriftet mit einem Kugelschreiber, stellen sicher, dass es später nicht zu Verwechslungen kommt. Am Ende des Sommers wird dann die Messlatte angesetzt und der Gärtner mit der größten Sonnenblume erhält einen Preis.

Süßigkeiten im Beet: Es gibt Pflanzen mit so verführerischem Aroma, dass man am liebsten gleich hineinbeißen möchte. **Schokoduft**, zum Beispiel, liegt in der Luft, wenn man die Schokoladenblume *(Berlandiera lyrata)* in das Kinderbeet setzt. Auch die Schokoladen-Kosmee *(Cosmos atrosanguineus)*, eine dunkelrote Schönheit, hält eine ähnliche Überraschung bereit. Sie kann, wie die Dahlie, als Knolle überwintert werden. Wenn es plötzlich nach **Gummibärchen** riecht, dann hat jemand an den kugeligen Blüten der Gummibärchen-Blume *(Cephalophora aromatica)* gerieben und damit ihr typisches Fruchtgummi-Aroma freigesetzt. Etwas **Obst** gefällig? Da wäre zum Beispiel die Mandarinen-Tagetes *(Tagetes tenuifolia* 'Orange Gem'), die mit verführerischem Duft ihrem Namen alle Ehre macht. Intensiv nach **Banane** riechen die Blättchen der Bananen-Minze *(Mentha arvensis* 'Banana'). Und wenn man plötzlich an **Coca-Cola** und frischen **Kaugummi** denken muss, sind die Cola-Pelargonie *(Pelargonia* 'Torento') und die Kaugummi-Minze *(Mentha spicata)* am Werk.

Leckere Kresse-Kunst: Auf dem fein anplanierten Beet lassen sich mit einem dünnen Stock kinderleicht die Umrisse von Figuren – etwa einem Häschen – vorzeichnen, die dann mit Kressesamen ausgefüllt werden. Auch mit dem eigenen Namen könnten sich kleine Künstler im Beet verewigen. Anschließend wird die Saat hauchdünn mit Erde überstreut, vorsichtig angegossen, damit nichts wegschwimmt (am besten verwendet man dafür eine feine Brause), und bis zum Keimen gut feucht gehalten. Hat man das grüne Kunstwerk lange genug betrachtet, kann man es danach einfach aufessen. Wie jedes Kind weiß: Kresse schmeckt ganz wunderbar im Salat oder auf einem Butterbrot.

Liebes-Äpfel: Dank eines einfachen Tricks wachsen auf dem eigenen Apfelbaum bald Früchte mit lustigen Mustern heran. Am besten klappt es mit Sorten, die sich beim Reifen schön rot färben – wie etwa bei der 'Roten Sternrenette'. Und so geht's: Die noch grünen Äpfel verziert man im August – auf der zur Sonne gewandten Seite – mit kleinen Formen oder Figuren, die aus selbst klebender, Licht undurchlässiger Folie ausgeschnitten wurden. Während sich die übrige Fruchtschale im Sonnenlicht langsam rot färbt, bleibt es unter der aufgeklebten Schablone hell. Wird nach der Ernte das Abziehbild vorsichtig entfernt, kommt das Muster deutlich zum Vorschein. Und plötzlich zeigt der Apfel Herz oder auch ein springendes Häschen …

Konrad Vogelschreck & Co.: Sie tun zwar ihr Bestes und stehen Tag für Tag Wache im Beet, aber ob Vogelscheuchen tatsächlich Amseln vom Wühlen im Beet oder Spatzen vom Samen stibitzen abhalten, das darf man bezweifeln. Doch egal, Hauptsache die Kinder haben ihren Spaß beim Basteln der lustigen, schrägen Gesellen mit dem ausgestopften Innenleben und reichlich abgetragenem Chic. Und ein feiner Beetschmuck ist es doch allemal!

1

2

3

1 Liebling im Kinderbeet: die Schokoladen-Kosmee.

2 Grüne Kunst: Mit Kresse lassen sich auf dem Beet auch richtige Bilder malen.

3 Witziger Blickfang: Apfel mit Herz.

1

Achtung Giftpflanzen!

Die gute Nachricht zuerst: Nur etwa zehn Prozent aller Anrufe bei der Giftnotrufzentrale betreffen tatsächlich Pflanzen (Giftpilze eingeschlossen!). Reinigungsmittel, Farben, Medikamente, Insektizide und Alkohol geben zu weitaus mehr besorgten Fragen Anlass.

Meistens läuft dann alles auch noch recht glimpflich ab – sogar ohne erkennbare Symptome. Sei es, weil schon der erste Happen von der Giftpflanze so übel schmeckt, dass die Kinder ihn sofort wieder ausspucken, oder dass gleich größere Mengen giftigen Grüns verzehrt werden müssen, bis sich eine ernste Reaktion zeigt.

Eine tödliche Gefahr bergen zum Glück nur wenige Gartengewächse. Unter den **Gehölzen** sind dies zum Beispiel Goldregen, Eibe, Thuje, Pfaffenhütchen und Seidelbast. Bei den ausdauernden **Stauden** und **Zwiebelblumen** stehen Herbstzeitlose, Maiglöckchen, Eisenhut und Christrose ganz oben auf der Liste giftiger Gartengewächse. Auch einige **Sommerblumen** – wie Wunderbaum, Ziertabak und der zweijährige Fingerhut – haben es gefährlich in sich, genauso wie verschiedene **Kübelpflanzen**. Hier können zum Beispiel Oleander, Wandelröschen und Engestrompete eine ernste Gefahr für Kinder darstellen.

Die meisten Giftpflanzen wirken glücklicherweise nicht lebensbedrohlich, verursachen aber sehr unangenehmes Bauchgrimmen oder andere, teils sehr heftige Reaktionen. Zu ihnen zählen zum Beispiel Buchs, Efeu, Liguster, Ginster, Lupine, Schneeball und Holunder.

Wenn Gartengewächse nicht auf den Listen giftiger Pflanzen zu finden sind, bedeutet dies jedoch nicht, dass sie völlig harmlos sind. Von vielen Pflanzen sind die Inhaltsstoffe noch gar nicht erforscht, so dass es darüber keine verlässlichen Erkenntnisse gibt.

Fazit: Ein von Giftpflanzen freier Garten – das ist leider eine Illusion, die jeder Realität entbehrt. Sogar im Gemüsegarten lauern für unsere Kleinen Gefahren. So sind grüne Bohnen im ungekochten Zustand giftig – genauso wie alle noch grün gefärbten Pflanzenteile von Tomaten und Kartoffeln, die das für alle Nachtschattengewächse typische Gift Solanin enthalten.

1 Was den Goldregen so gefährlich macht, sind seine giftigen Fruchthülsen, die die Kinder an Bohnen erinnern.

2 Der Ziertabak steht ebenfalls weit oben auf der Liste der Giftpflanzen.

3 Auch Maiglöckchen mit duftenden Blüten und verführerisch roten Beeren stellen eine ernste Gefahr dar.

4 Die Engelstrompete – giftig von Kopf bis Fuß.

4

Gefährlich sind auch Pflanzen mit **phototoxischer** Wirkung – wie Weinraute, sämtliche Wolfsmilch-Arten und der mannshohe Riesenbärenklau. Der bloße Hautkontakt mit diesen Gewächsen kann schon unangenehme Reaktionen hervorrufen. Scheint dann zusätzlich die Sonne auf die betroffenen Stellen wird alles noch viel schlimmer: Es bilden sich Brandblasen, die fatal an Verbrennungen erinnern.

Was können wir also tun, um unsere Kinder vor Schäden durch Giftpflanzen zu bewahren?

Kontrolle ist besser: Kleine Kinder erkunden die Welt mit allen Sinnen – und stecken in den Mund was sie erwischen können. Deshalb darf man sie in dieser Phase nie unbeaufsichtig im Garten spielen lassen. Nicht nur wegen der Giftpflanzen!

Verlockende Früchte: So lange die Kinder noch klein sind, empfiehlt es sich, die wirklich gefährlichen Pflanzen vom Spielbereich zu verbannen. Vor allen Dingen solche, die – wie Ilex oder Seidelbast – auch noch verlockend rote Beeren tragen. Oder Sie entfernen zumindest die Fruchtansätze dieser Giftpflanzen gleich nach der Blüte, um kleine Naschkatzen nicht auf verhängnisvolle Ideen zu bringen.

Erlaubt und verboten: Sind die Kinder schon etwas älter und verständiger, lautet eine der ersten Gartenlektionen: Es dürfen generell keine Pflanzenteile

3

in den Mund gesteckt werden – es sei denn, die Eltern haben es bei einer bestimmten Pflanze ausdrücklich erlaubt. Im Zweifel muss immer erst noch einmal nachgefragt werden.

Sicheres Naschgärtchen: Eine gute Idee wäre es auch, Gemüse, Beerenobst und andere grüne Kinderlieblinge – abgetrennt vom übrigen Garten – auf einem eigenen Beet zu versammeln. Alles, was innerhalb dieser klar definierter Grenzen wächst, darf unbesorgt gegessen werden.

Hände waschen! Bringen Sie Ihren Kindern bei, draußen beim Spielen nie die Finger in den Mund zu stecken und sich gleich nach dem Hereinkommen die Hände zu waschen.

Gefährliche Zimmerpflanzen: Oft sind sich Eltern gar nicht bewusst, dass auch auf den Fensterbrettern im Haus Gefahren für unsere Kleinen lauern. Diffenbachie, Ritterstern und Clivie und andere Zimmerpflanzen mehr sind nicht nur dekorativ sondern auch giftig.

Hilfe im Notfall: Wenn Ihr Nachwuchs doch einmal verbotenes Grün genascht hat und über Beschwerden klagt, sollten Sie mit ihm sofort einen Arzt aufsuchen. Denken Sie daran – falls Sie die Pflanze nicht ganz genau kennen – ein Stück davon mitzunehmen!

Im Notfall erhalten Sie auch per Telefon rund um die Uhr kostenlose Beratung. Wenden Sie sich an die Informationszentrale gegen Vergiftungen der Universität Bonn – Tel. 02 28/1 92 40. In München erhalten Sie unter 0 89/1 92 40 ebenfalls prompte Hilfe, in Berlin ist der Giftnotruf unter 0 30/1 92 40 zu erreichen. Oder Sie suchen sich im Internet unter **www.giftnotruf.de** eine Beratungsstelle in Ihrer Nähe heraus.

2

Gartenpläne

Drei erfindungsreiche Familien und ihre gelungenen Gärten

Ein Garten auf dem Land

Englisch angehaucht sollte alles aussehen – nur ein bisschen wilder, mit einzelnen Gartenzimmern und vielen grünen Überraschungen. Eltern und Kinder, acht und zwölf Jahre alt, waren sich darin einig. Kaum zu glauben, dass das grüne Paradies der Familie Kompatscher-Hoppe mit all seinen verwunschenen Ecken und Winkeln, inklusive Haus, »nur« ganze tausend Quadratmeter groß ist. Viele dieser Ideen lassen sich auch problemlos in deutlich kleineren Gärten verwirklichen.

1 Teddy und Mieze halten ein Schläfchen in der gemütlichen Kinderecke.

① Der Teich

Ein paar Schritte auf das Wohnhaus zu und schon stoßen die Besucher auf einen kleinen kreisrunden Teich. Vorne grenzt er direkt an den Weg und ist mit Natursteinplatten eingefasst, ansonsten besteht das Ufer aus runden, teils dick bemoosten Steinen. Farne, Gräser und anderes Blattgrün umwuchern den stillen Wasserspiegel. Das glasklare Nass steht weniger als kniehoch, so dass größere Kinder gefahrlos darin herumwaten können.

② Der Kletterbaum

Gleich neben dem Hauseingang befindet sich das Fahrrad- und Mülltonnenhäuschen. Davor breitet eine große Fichte ihre Äste aus – jederzeit bereit, kleine Klettermaxe darauf herumturnen zu lassen. Die Fläche unter der Baumkrone wird als Lagerplatz genutzt. Hier finden die Kinder alles, was sie für ihre Bauvorhaben im Garten benötigen: Bretter, Balken, Ziegel, kleine Ladungen Sand oder Kies und Fundstücke vom Waldspaziergang, wie etwa eine schöne Wurzel oder interessante Steine.

③ Das Gemüsegärtchen

Wer neugierig um das Fahrrad-Häuschen herumschaut, entdeckt ein zwischen drei Wänden gemütlich eingekuscheltes Nutzgärtlein mit zwei buchsgefassten Gemüsebeeten und einem Extrabeet für Beerenobst. Ein Spalier-Apfelbaum bildet die Begrenzung zum Nachbarn, indem er seine dicht beblätterten grünen Arme über einen Holzlatten-Zaun ausbreitet. Sichtschutz mit Apfelgeschmack sozusagen! Die dritte »Wand« dieses kleinen Gartenzimmers bildet ein Stück Thujenhecke.

④ Der geheime Garten

Hinter den geschnittenen Thujen verbirgt sich der geheime Garten – winzig klein und so gut versteckt, dass man ihn kaum findet. Genau das Richtige für Elfen, Zwerge und natürlich für Kinder. Durch einen hölzernen Torbogen, umrankt von duftendem Jelängerjelieber, schlüpft man hinein und findet sich auf einem kleinen gepflasterten Platz wieder. Wucherndes Blattgrün umrahmt ihn: Verschiedene Funkien, Farne und geschnittene Buchskugeln geben ihr Bestes, um diesen verwunschenen kleinen Ort zu gestalten. Dazwischen schimmern silberne Glaskugeln, die auf Bambusstäbe gesteckt sind. In einer Ecke des Gärtchens hat die kleine Kinderbank aus Holz ihren Platz. Darüber wölbt sich ein Baldachin aus Blättern und Blüten einer Kletterrose. Auch eine kleine Feuerstelle wurde extra angelegt.

⑤ Das Kräutergärtchen

Darin gedeihen neben Königskerzen auch Eibisch, Bohnenkraut, Nachtkerzen, Schafgarben und viele andere wilde oder für den Garten gezähmte Kräuter.

⑥ **Ein Baumhaus mit zwei Etagen**

Im Fichtengeäst gleich neben dem geheimen Garten versteckt sich ein Baumhaus. Es ist der Traum aller Kinder: Unten um zwei Fichten-Stämme herum bildet geschnittenes, noch mit dürren Blättern belaubtes Astwerk die Wände einer kleinen Hütte, deren »Tür« aus einer Schilfmatte besteht. Das Dach ist eine hölzerne Plattform, auf die für den »normalen« Aufstieg eine Leiter hinaufführt. Besonders mutige kleine Akrobaten klettern über die Strickleiter nach oben. Ein Geländer schützt vor dem Herunterfallen und verleiht dem Hochsitz eine gewisse Ähnlichkeit mit einem Jägerstand.

⑦ **Die Kinderecke**

Daran angrenzend befindet sich ein kleines Gartenhaus aus Holz, das zum Aufbewahren von allerlei Gerätschaften genützt wird. Die Kinder lieben es, auf seinem Dach herumzuklettern und ab und zu auch mal ein Picknick zu veranstalten. Ganz entzückend ist die kleine, von Wildem Wein umrankte Laube, die sich direkt an das Gartenhäuschen anlehnt. In ihrem Schutz steht ein bepflanzter Mini-Teich, der in einem großen Keramik-Topf Platz gefunden hat. Auf einer langgestreckten Bank, direkt unter dem Hüttenfenster, blühen bunte Blumen in handbemalten Tontöpfen.

⑧ **Das Kinderbeet**

»Kindergarten« steht auf einem Schild zu lesen, das vom hölzernen Torbogen, aus zwei starken gebogenen Ästen zusammengezimmert, herunterhängt. Erwachsene müssen sich bücken, wenn sie darunter hindurch wollen. Gemüse und Salat, Erdbeeren und viele bunte Sommerblumen gedeihen hier unter der Obhut der kleinen Gärtner. Sie wachsen in mehreren mit runden Kieselsteinen gefassten Mini-Beeten. Dazwischen liegen Natursteinplatten, die das Wegenetz bilden. Ein Geländer aus in den Boden getriebenen Pfosten und dicken Ästen trennt das Gärtchen von der übrigen grünen Welt.

1 Ein Garten für die ganze Familie. Auch die Erwachsenen kommen hier nicht zu kurz.

⑨ **Die Laube**

In der Gartenecke befindet sich eine weitere Laube aus Holz und lädt zum gemütlichen Sitzen ein. Nach Feierabend ist sie besonders für die Erwachsenen eine Attraktion. Ganz beiläufig hat sie auch die Aufgabe, den Kompostplatz optisch vom übrigen Garten zu trennen.

⑩ **Die Terrasse**

Beim Gartenrundgang landen die Besucher anschließend auf der überdachten Terrasse. Eine Glyzine hat die hölzerne Pergola dekorativ umrankt. Hier, gut geschützt vor Wind und Regenwetter, hält sich die Familie die meiste Zeit des Gartenjahres auf. Für herrlich faule Stunden ist eine Hängematte gespannt und auf den beiden kleinen Sofas, die auf der Terrasse stehen, dürfen die Kinder sogar nachts schlafen. Ein Moskito-Netz schützt vor lästigen Mücken, so dass einer Übernachtung nichts mehr im Wege steht.

⑪ **Der Rasen**

Ein Stück robuster Gebrauchsrasen, auf dem die Kinder spielen und toben dürfen, war ein großes Anliegen der Familie. Stundenlang fahren jetzt die Sprößlinge mit ihren Rädern auf dem Gras rund ums Haus – sogar nachts mit der Taschenlampe. Manchmal bauen die Kinder auch zusammen mit Freunden einen Parcours auf. Dann wird wochenlang Hürdenlauf gespielt – mit Stoppuhr, viel Ehrgeiz und allen Schikanen.

⑫ **Rosen und Stauden**

Den Historischen Rosen gilt die große Liebe der Hausherrin. Die üppigen Büsche, die auf mehreren Beeten im Garten verteilt sind, blühen zwar meist nur einmal im Jahr, dafür aber in überwältigender Pracht. Und sie sind ziemlich hart im Nehmen – was sowohl Witterung als auch spielende Kinder angeht. Unkomplizierte Blütenstauden und robuste Blattschönheiten sind dazu gesellt.

⑬ **Klettergerüst mit Schaukel**

Um das Haus herum, auf der Ostseite, erstreckt sich eine weitere Rasenfläche. An ihrem Rand, zwischen Bäumen und Sträuchern gut versteckt, steht ein Klettergerüst, in dem auch eine Schaukel hängt. Genau das Richtige für kleine Akrobaten, die gerne zwischen Himmel und Erde weilen.

⑭ **Der Waldweg**

An einer großen Fichte vorbei schlüpft man in einen grünen Tunnel, der von den dicht stehenden Bäumen und Sträuchern entlang der Grundstücksgrenze gebildet wird.

Wenn zu Beginn des Gartenjahres das Sonnenlicht noch bis zum Boden vordringt, blühen hier hunderte von Primeln und Leberblümchen. Später liegt alles in geheimnisvollem Dämmerlicht verborgen. Gerade recht für kleine Elfen, Hexen und Zauberer, die hier gelegentlich vorbeikommen. Auch wenn die Kinder im Spiel eine weite Reise unternehmen – etwa nach Amerika – dann nehmen sie diesen Weg.

Kinderparadies zu Mini-Preisen

Wer gerade ein Haus erworben oder selbst gebaut hat, kennt den Zustand nur zu gut: Es herrscht erst einmal Ebbe in der Kasse und größere Anschaffungen sind auf Eis gelegt. Aber natürlich werden Sitzplatz und Schaukel, Baumhaus und Ritterburg sofort benötigt und nicht erst dann, wenn die Kinder schon fast aus dem Hause sind. Jetzt oder nie, heißt deshalb die Devise! Kein Problem für jemanden, der zwei geschickte Hände hat und vor Einfallsreichtum sprüht – wie Anton Kamhuber, der Vater von Stefanie und Christoph.

1 Oben die Kinder und unten – in der gemütlichen Sitzecke – die Eltern.

① Die grüne Garten-Grenze

Das Domizil der Familie Kamhuber befindet sich am Ortsrand – mit einem herrlichem Ausblick über das angrenzende Moor. Damit sich Haus und Garten möglichst unauffällig und harmonisch in die Landschaft einfügen, wurde das Grundstück schon vor Jahren mit kniehohen Bäumchen und Sträuchern aus der Umgebung eingehegt. Inzwischen haben sich die Gehölze – zur Freude der Kinder -zu einem beachtlichen Dschungel ausgewachsen.

② Das Baumhaus

Eine riesige alte Weide an der Gartengrenze brachte die Kinder auf die glänzende Idee: Ein Baumhaus muss her! Weil jedoch Weidenäste wenig belastbar sind und leicht brechen, wurde eine Unterkonstruktion für das »Kinder-Nest« nötig. Während die Häusle-Bauer noch über das Problem nachsannen, war die Lösung praktisch schon unterwegs: Der kleine Fluss in der Nähe schwemmte einen hölzernen Strommasten an. Genau das Richtige, um die Hauptlast des Häuschens zu tragen. Ein Nachbar spendierte noch passendes Abfallholz und schon nahm das kleine Luft-Schloss Form an.

Wer jetzt die Sprossen-Leiter hinaufklettert, landet zunächst auf einem Balkon mit Brüstung. Eine Türe führt hinein, nach drei Seiten liefern Fenster eine berauschende Aussicht. Ein Schränkchen, eine Eckbank mit Tisch und kleine Teppiche sorgen für Behaglichkeit. Sogar elektrisches Licht gibt es (über eine Batterie). Und wer seine Ruhe haben will, kurbelt einfach die Leiter hoch. Da sitzt man dann frei wie ein Vogel im Geäst und wird von außen kaum gesehen. Dafür garantieren die dichte Baumkrone und die »Tarn-Bemalung« des Häuschens. Richtig gekonnt wurden braunes Astwerk und viele grüne Blätter von den kleinen Künstlern aufs Holz aufgetragen. Und was ist das eigentlich Buntes im Geäst? Ein kleiner Lindwurm und ein Papagei.

③ Ein geschützter Sitzplatz

Direkt unter dem Baumhaus ist Raum genug für einen gemütliche Runde. Für »Rückendeckung« sorgen der dicke Weidenstamm, an den man sich von der Bank aus so schön anlehnen kann, und das zum Teil noch beblätterte Astwerk, das rundum einfach in den Boden gesteckt wurde. Derartige blickdichte »Gitterwände« fallen bei der Gartenpflege an und kosten – im Gegensatz zum Sichtschutz aus dem Baumarkt – keinen Cent. Regnet es? Macht nichts, schließlich fungiert das Baumhaus als wasserdichtes Dach.

④ Die Schaukel

Natürlich ist sie – wie könnte es auch anders sein – ebenfalls Marke Eigenbau. Die Balken für den Rahmen wollte ein Nachbar gerne los werden, als Schaukelsitz hält ein alter Autoreifen her. Nur die bunten Windrädchen oben auf dem Schaukelbalken wurden irgendwann einmal gekauft – sie drehen sich schon bei der kleinsten Brise munter im Wind und wirbeln mit den Kindern um die Wette.

⑤ **Burggraben und Zugbrücke**

Ein Fertigteich aus schwarzem Kunststoff, den es irgendwo zu verschenken gab, sorgt stilecht für den Wassergraben, den jede Burg, die auf sich hält, benötigt. Rücken »Feinde« an, wird sogleich die hölzerne Zugbrücke hochgekurbelt und Möchtegern-Eindringlinge haben das Nachsehen.

⑥ **Der Burgwächter**

Auf dem Recycling-Hof fanden die Kinder einen Puppenkopf mit langen Haaren. Einfach ideal für einen kleinen Ritter! Der fehlende Körper wurde kurzerhand selbst dazu modelliert: Für Stabilität sorgt eine Drahtform im Innern, der Rest besteht aus einem Sägemehl/Zement-Gemisch. Kaum war der »Holz-Beton« getrocknet, ging's ans Einkleiden: Die Kinder spendierten Hose und Pullover, dicke, ausgestopfte Arbeitshandschuhe bilden die Hände des Burgwächters und aus der Faschingskiste stammen Rüstung, Helm und Schwert. Der freundlich grinsende Begleiter des kleinen Ritters – ein großer, grüner Stoffdrache an einer Leine – ist übrigens auch ein Fund vom Wertstoff-Hof.

⑦ **Die Ritterburg**

Ein zweiflügeliges, verschließbares Tor mit darüber aufgehängtem Wappen bietet Einlass in den Burghof. Die Burg selbst (die übrigens auf Beton-Fundamenten ruht) besteht aus einem Häuschen mit angrenzendem Turm. Wer hier eintritt – Vorsicht, die Großen müssen den Kopf einziehen! – entdeckt als erstes einen Tisch, ein kleines Bett, in dem man wirklich schlafen kann, und ein übervolles Bücherregal. So sind die kleinen Burgherren und -fräulein bestens für längere Belagerungen eingerichtet. Wird es brenzlig,

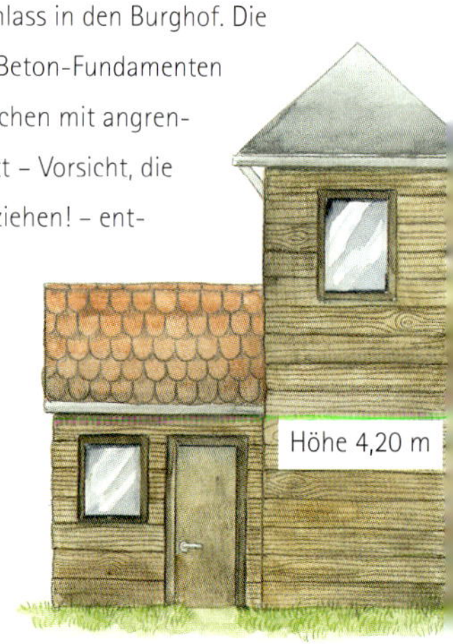

verziehen sie sich einfach noch eine Etage höher den Turm hinauf. Drei Fenster sorgen dort für einen ausgezeichneten Überblick. Wird jetzt noch die Falltür im Boden geschlossen und verriegelt, kann man es sich auf der niedlichen Eckbank mit hochklappbaren Tischchen so richtig bequem machen – bis die Belagerer aufgeben.

Wie es sich für eine Burg gehört, wurden in der hölzernen »Mauer« stilechte Schießscharten eingeschnitten, die über kleine Treppen und Podeste zu erreichen sind. Und natürlich weht auch eine eindrucksvolle Fahne über den Zinnen. Sogar an ein Klapptürchen als Notausstieg ist gedacht.

Auch dieser Prachtbau kostete übrigens nur ein paar Euro. Er besteht aus Abfall-Holz und alten Biberschwänzen als Dacheindeckung. Nur das Dach des Turms machte – der Kanten wegen – ein wenig Kopfzerbrechen. Bis sich auf dem Recycling-Hof glücklicherweise ausrangierte Magnettafeln fanden. Schon war das Problem gelöst! Bei dieser Gelegenheit wurden übrigens auch gleich noch passende Plexiglas-Scheiben für die Fenster entdeckt. Sie sind bruchsicher und daher für Kinder besonders gut geeignet.

⑧ Der Teich

Eine gebrauchte Teichfolie, die es günstig zu erstehen gab, brachte die Kamhubers auf die Idee, einen Teich anzulegen. Inzwischen ist er rundum eingewachsen und das feuchte Zuhause vieler Frösche und Molche.

⑨ Pumpbrunnen mit Sandplatz

Matschen – mit Wasser und Sand – das tun alle Kinder gerne. In dieser Gartenecke ist die allerbeste Gelegenheit dazu. Natürlich verwenden die Eltern das Wasser auch zum Garten gießen.

⑩ Gemüsegarten mit Blumenrabatte

Im Bereich der Terrasse liegt das Revier der Eltern – mit bunten Blumen und viel Gemüse. Das heißt aber nicht, dass der Nachwuchs nicht ab und zu einen Vorstoß dorthin unternimmt. Die reifen Erdbeeren und Erbsen, die Kohlrabi und Möhren sind einfach zu verlockend!

⑪ und ⑫ Der Tier-Garten

Unter einem Rosenbogen hindurch betritt man das Reich der Tiere. Im geräumigen Kaninchenstall ⑪ sind die beiden »Kuschelhasen« untergebracht, die bei schönem Wetter hinaus in den Laufstall dürfen. Doch was huscht in den anderen drei Käfigen, im Glashaus und im großen vergitterten Freigehege umher? Es sind die munteren Nachkommen zweier Frettchen. Die marderähnlichen, zahmen Tierchen leben hier in geradezu paradiesischen Verhältnissen ⑫: Durch Röhren (Regen- und Dränagerohre) teils über, teils unter der Erde sind alle fünf »Bauwerke« miteinander verbunden. So können die Frettchen nach Herzenslust kreuz und quer in ihrem großen Reich herumstreifen.

1 Eine Ritterburg mit allen Schikanen – davon träumen die meisten Kinder. Hier wurde der Wunschtraum Wirklichkeit.

1

Reihenhausgarten: klein aber oho!

Kinderspiel und Gartenlust, auf nur 150 m^2 vereint – geht denn das? Und ob! Dieser kleine Stadtgarten am Rande einer schmucken Grasdach-Siedlung ist der beste Beweis dafür. Dort ist Mutter Christiane Hildebrand, die eine große Blumenfreundin ist, dabei, ihre Vorstellungen vom grünen Glück zu verwirklichen. Aber natürlich sollen die beiden Kinder, Sarah und Jannik, nicht zu kurz kommen! »Für jeden was« lautete also das Motto der Garten-Planung. Auch das kleinste Fleckchen Erde wurde optimal genutzt und so gibt es Platz genug zum Wohnen, Essen, Feiern, Spielen – alles umblüht von liebevoll gehegten Pflanzen.

Insgesamt 20 m lang ist der kleine Garten, an seiner breitesten Stelle misst er 9 m, an der schmalsten ganze 4,50 m. Zu den Nachbarn links und rechts begrenzen ihn blickdichte Backsteinmauern, am hinteren Ende bildet eine Ligusterhecke die grüne Grenze. Drei verschiedene Ebenen sorgen für Spannung und Abwechslung.

Die unterste Ebene

Sie liegt ebenerdig zum Hauseingang und ist – mit etwa 80 m^2 – die größte. Mehr als die Hälfte davon wurde mit Porphyr-Pflaster belegt. Damit der kleine Garten optisch mehr Größe zeigt, griff Christiane Hildebrand tief in die Trickkiste der Gartenplaner: So verläuft der Weg vom Garteneingang zum **kleinen Sitzplatz** ① mit der gemütlichen Holzbank, die meist von spielenden Kindern belagert wird, nicht einfach geradeaus, sondern schräg. Dies gaukelt dem Betrachter mehr räumliche Tiefe vor.

Dass die quadratischen Pflastersteine quer zum Wegeverlauf verlegt sind ist ein beliebter Trick, um mehr Breite vorzutäuschen.

Der mal weiter, mal enger geführte und schließlich in den großen Sitzplatz mündende Weg erweist sich für die Kinder als wunderbare **Spielstraße** ②, geeignet für Pflastermalereien und Hüpfspiele und auch, um darauf mit dem Fahrrad die ersten Kurven zu drehen. Nach Rasen hält man im ganzen Garten vergeblich Ausschau. Die Eltern entschlossen sich bewusst dagegen und für die großzügigen Pflasterflächen, weil das grüne Zimmer dadurch geräumiger wirkt. Vor allem aber sind die befestigten Spielflächen das ganze Jahr über, also auch in Schlechtwetter-Phasen, gut bespielbar – während sich übermäßig strapazierter Rasen schnell in einen Acker verwandelt.

Der **großzügige Sitzplatz** ③, der sich an die Hauswand anschmiegt und weder von außen noch vom Haus her einsehbar ist, entwickelte sich zum Lieblingsplatz der ganzen Familie. Jede freie Minute wird genützt, um sich bei schönem Wetter in aller Gemütlichkeit dort niederzulassen. Natürlich werden im mit Blüten und dekorativem Blattwerk geschmückten Freiluft-Zimmer auch die Mahlzeiten eingenommen oder Freunde empfangen.

Die zweite Ebene

Die extra breiten und zum Sitzen und Spielen geeigneten **Stufen** ④ führen zur 45 cm höher gelegenen zweiten Ebene hinauf – in das Reich der Kinder. Ganz oben auf der Wunschliste der Kleinen stand natürlich eine **Schaukel** ⑤. Die Eltern wählten eine schlichte Holzkonstruktion. Viel Sand zum Kuchen backen und Burgen bauen, um Deiche zu formen und alles hemmungslos mit Wasser zu vermanschen war ebenfalls ein Muss. So entstand der rechteckige, etwa 9 m² große **Sandplatz** ⑥. Um ihn vor Katzen zu schützen, kann er in

1 Kleiner Garten ganz groß: Es ist alles da, was eine Familie mit Kindern glücklich macht.

den Spielpausen abgedeckt werden. Dies geschieht mit Hilfe von fünf einzelnen Holzrosten, die sich leicht wieder entfernen lassen. Haben die Kinder keine Lust zum Buddeln, bleiben die Holzroste einfach liegen und ergeben, zusammen mit der ebenfalls mit Brettern belegten Einrahmung ein **hölzernes Podest** ⑦ von insgesamt 18 m² Größe. Darauf lässt es sich wunderbar spielen – und selbst für die hin und wieder stattfindende Zirkusvorstellung mit kleinen Artisten und Dompteuren aus der Nachbarschaft bietet sich Platz genug. Gibt es dann ein großes Gartenfest, nutzen die Erwachsenen das Deck als zusätzliche Sitzmöglichkeit.

Vom Spielbereich führt eine dreistufige Treppe hinunter zu **Mutters kleinem Arbeitsplatz** ⑧, der durch üppige Bepflanzung aus dem Blickfeld gerückt ist und einen Komposthaufen und sowie eine Abstellfläche für Pflanzkübel beherbergt. Ein kleines Türchen gewährt als Nebeneingang Zutritt zum Garten.

Die dritte Ebene

Gleich im Anschluss an den Spielbereich geht es noch einmal um 30 cm höher – hinauf zur dritten Ebene. Auch hier, wie schon bei der zweiten Ebene, fängt ein **Stützmäuerchen** ⑨ aus kesseldruckimprägnierten Vierkanthölzern die Steigung ab. Hier befindet sich das größte Gehölz im Garten – ein alter **Kirschbaum** ⑩, der von den Kindern eifrig zum Klettern und als Basis für ein erstklassiges grünes Versteck genützt wird.

Die Pflanzenwelt des Gartens

Und wie sieht die übrige Bepflanzung aus? Durch die geschützte Lage des kleinen Gartens grünt und blüht es in paradiesischer Vielfalt – sogar in den Pflasterritzen. Mauern und Zäune sind üppig mit Efeu, *Clematis* und

1

Kletterrosen berankt, die Hauswand schmücken Glyzine, Wilder Wein und eine Akebie. Und wenn es mitten im Winter wie auf Kreta duftet, dann beginnt ein kleiner Strauch namens *Sarcococca humilis* gleich neben der Terrassentür zu blühen.

Sämtliche Blumen erscheinen in den Lieblingsfarben der Hausherrin: Weiß, Rosarot, Blau, Lila – Knallrot und Orange sind nirgends zu entdecken. Im kleinen Garten steht von Frühjahr bis Winter immer irgend etwas in Blüte und zeugt vom grünen Daumen Christiane Hildebrands. Kein Wunder, dass der Nachwuchs auch schon vom Gartenfieber infiziert ist und Mutter ein eigenes Eckchen zum Experimentieren abgeschwatzt hat. Auf diesem **Kinder-Beet** ⑪ gedeihen bunte Sommerblumen, knackiges Gemüse, duftende Kräuter und alles, was sonst noch kleine Herzen höher schlagen lässt.

Feste

Spiele

Basteleien

Mit den Jahreszeiten leben:
fröhliche Stunden, tolle Rezepte
und Vorschläge zum Nachmachen.

Frühling

Kaum ist der Schnee geschmolzen, wagen sich Blumen und Kinder heraus

1 Herrlich, so ein Frühlingstag – nichts wie hinaus ins Grüne!

2 Das schmückt: Kränzchen und Ketten aus Gänseblümchen.

3 Alles wirkt so leicht! Sogar die Väschen am Draht sind ohne Bodenhaftung,

Frühlings-Erwachen

Bienen summen zwischen blühenden Weiden-Kätzchen, ein warmer Wind leckt die letzten Schneereste fort. Im Geäst singen schon die Vögel und erste Knospen platzen auf. Die ganze Welt wirkt wie frisch gestrichen! Und uns hüpft vor Freude das Herz – denn die Botschaft lautet: Der Frühling ist da!

Die ersten Wochen zerren an den Nerven: Was haben wir nun eigentlich – Frühling oder doch noch Winter? Wie es scheint, beides. »Vorfrühling« nennen die zweibeinigen »Wetterfrösche«, die Meteorologen, diesen Zustand. »Frühl-inter« wäre wohl der passendere Begriff.

Die Schneeglöckchen haben sich bereits durchs alte Laub gebohrt und die ersten Bienen nehmen ein Vollbad im Blütenstaub der Winterlinge. Über einem Tuff von frühen Elfen-Krokussen gaukelt tatsächlich schon ein vorwitziger Schmetterling, der die Eiseskälte irgendwo gut geschützt ausgeharrt hat. Das Thermometer klettert an manchen Tagen in beachtliche Höhen und wir fühlen uns schon genauso übermütig wie die Natur ringsumher.

Aber wie heißt es so schön: »Übermut tut selten gut« und schon naht ein ordentlicher Dämpfer in Form von Dauerfrost, Glatteis oder einer zehn Zentimeter dicken Schneeschicht. So etwas schüttelt auch der Monat März noch locker aus dem Ärmel! Und doch: Am 21. März zählt der Tag exakt so viele Stunden wie die Nacht und gewinnt ab jetzt täglich an Länge. Darum: Auch wenn alles sehr langsam geht und Frost das Fortschreiten des Frühlings noch gelegentlich zum Stillstand bringt – nicht verzagen! Das sind nur letzte Rückzugsgeplänkel, bald wird das Tempo rasanter! Mit dem Winterschlaf ist es jedenfalls endgültig vorbei. Die Natur ist erwacht und zeigt mit jedem Tag ein strahlenderes Gesicht.

Schlag auf Schlag und in immer neuen Farbwellen erscheinen jetzt die Frühlingsboten. Nur ein Hauch von Wärme und schon sind die Krokusse vollständig zur Stelle. Auch die Veilchen entfalten die lilablauen Blüten mit dem verführerisch süßen Duft, im Gebüsch drücken sich schüchtern die Buschwindröschen herum. Schneeglanz, Puschkinien, Netz-Iris und Kissenprimeln versammeln sich im Garten. Gänseblümchen sticken winzige weiße Sterne ins Gras. Auch die Himmelsschlüssel sind schon da, ebenso wie das Wiesenschaumkraut, das lilarosa Pfützen ins Grün zaubert.

Dann erscheinen Tulpen, Narzissen und Hyazinthen in ganz unglaublicher Farbenpracht – umblüht von himmelblauen Vergissmeinnicht. Im Frühling liebt es die Natur so richtig ostereierbunt. Und wir auch!

Doch halt! Frühling – damit verbinden wir natürlich ebenso die Farbe Grün: Birkengrün, Grasgrün, Maigrün, Lindgrün, Waldmeistergrün. Überall keimt und wächst es und die Zeit der kahlen Bäume und Sträucher ist jetzt endgültig vorbei. In den vergangenen Wochen wurden die Knospen an den Zweigen zusehends dicker und dicker. Dann, nach einem warmen Regenguss, platzten sie auf und jetzt sind sie da – die ersten Blätter von fast noch durchscheinendem zarten Grün.

Wenn die Frühlingssonne vom Himmel lacht, dann schlagen nicht nur neu geborene Fohlen und kleine Lämmer übermütige Kapriolen im jungen Gras. Auch unser Nachwuchs lässt sich gerne von der Lebensfreude ringsherum anstecken und ist vor Tatendrang fast nicht mehr zu bremsen: Was – rein ins Haus? Jetzt schon?? Na gut, dann bleibt eben noch ein bisschen draußen. Aber nicht zu lange ins Gras setzen, hört ihr, dazu ist der Boden noch zu kalt!

3

Gänseblümchen und Löwenzahn

Das Blüten-Orakel: *Bellis perennis* – »das ganze Jahr schön«, lautet der botanische Name des Gänseblümchens. Maßliebchen wird das niedliche Pflänzchen im Volksmund auch genannt. Durch das Abzupfen seiner weißen Blütenblättchen kann man herausfinden, ob die Person, an die man gerade denkt, einen wirklich gern hat:
Er/sie liebt mich *(Blättchen)* – von Herzen *(Blättchen)* – mit Schmerzen *(Blättchen)* – ein wenig *(Blättchen)* – gar nicht *(Blättchen)*.
Gleich geht das Spiel von vorne los, bis auch das letzte Blütenblatt abgezupft ist.

Pustekuchen! Löwenzahn lieben nicht nur die Kaninchen. Auch die Kinder sind davon begeistert – vor allem wenn sich die gelbe Blüte in eine watteweiche weiße Kugel mit unzähligen winzigen Fallschirmchen verwandelt hat. Mit so einer Pusteblume kann man wunderbar seine Freunde necken. Man hält sie ihnen dicht vor die Nase und fragt ganz scheinheilig: »Was mögt ihr lieber – Tag oder Nacht?« Sagt jemand »Nacht«, dann wird blitzschnell das »Lichtlein« ausgepustet. Und schon begeben sich sämtliche Fallschirmchen auf die Reise – direkt ins verdutzte Gesicht des Gegenübers. Wie das kitzelt!

Das schmückt! Ketten und Haar-Kränzchen aus Löwenzahn und Gänseblümchen sind kinderleicht gemacht. Man nimmt einen Blumenstängel und drückt mit dem Fingernagel des Daumens einen kleinen Schlitz hinein – dicht unterhalb der Blüte. Durch diese Öffnung zieht man vorsichtig den Stängel des nächsten Blümchens. Auch das bekommt einen Schlitz – durch den wiederum ein drittes Blümchen gezogen wird. Und so weiter ...

Gänseblümchen und Löwenzahn

1 Wie man sieht, war die Ostereier-Suche sehr erfolgreich.

2 Platz ist in der kleinsten Kiste für so ein niedliches Oster-Gärtchen.

3 An der langen Haselrute sitzen Palmbuschen im Doppelpack.

4 Auf frischer Tat ertappt! Es gibt ihn also wirklich, den Osterhasen?

Frohe Ostern!

Wenn der Frühling kommt, rückt auch das Osterfest immer näher – mit seinen schönen alten Bräuchen, die besonders die Kinder entzücken.

Genau eine Woche vor Ostern, am Palmsonntag, geht es los: An diesem Tag tragen die Kinder ihre **Palmbuschen** zur Weihe in die Kirche. Diese können – abhängig vom Brauchtum der Gegend – von ganz unterschiedlicher Gestalt und Größe sein. Manche sind an Stangen gebunden und so riesig, dass die Kinder Mühe haben, sie heil durch die Kirchentüre zu bekommen. Andernorts ist das Format ganz handlich und man kann den »Palm« nach dem Kirchgang ohne weiteres im Haus aufbewahren.

Wie auch immer: Grüne Ästchen vom Buchsbaum und Palmkätzchen-Zweige von der Salweide – zum Strauß gebunden – gehören unbedingt in so einen Palmbuschen hinein. Manchmal kommen außerdem Immergrün, Wacholder oder Holunder dazu. Meistens steuert auch die Hasel eine schöne, gerade Rute bei, an der der Buschen befestigt wird. Ein besonders langer Haselnuss-Trieb verträgt sogar zwei Sträuße übereinander. Und auch an einer Astgabel finden Palmbuschen im Doppelpack Platz. Wer will, kann mit einem Messer noch dekorative Ringel-Muster in die Rinde schnitzen oder den Stab ganz abschälen. Hübsche Bänder vervollkommnen das Werk. Wenn der Palmbuschen für das Zimmer zu groß geraten ist, lehnt man ihn für eine Weile an den Gartenzaun oder schmückt damit den Hauseingang.

Nur ein paar Tage später, am **Gründonnerstag**, schwärmen die Kinder aus, um im Garten oder auf der Wiese allerlei Grünes für die Suppe zu finden. Das ist für jeden wichtig, der sich für das kommende Jahr Glück wünscht und von Geldsorgen bewahrt sein will. Und was gehört nun alles in die grüne Suppe? Na, Kerbel zum Beispiel! Wage-

3

mutigere versuchen es vielleicht auch mit Löwenzahn, Brennnessel, Kresse, Pimpinelle und Sauerampfer – alles fein püriert.

Die letzten Tage vor dem Osterfest – das übrigens stets auf den Sonntag trifft, der dem ersten Vollmond nach Frühlingsanfang folgt – sind mit allerlei wichtigen Vorbereitungen ausgefüllt. Es wird viel gebacken: Zöpfe, Hasen und Männlein mit einem Ei vor dem Bauch, auch ein Osterlamm darf natürlich nicht fehlen. Besonders wichtig für das Fest sind die **bunten Ostereier**, die bei uns und in vielen anderen Ländern als Sinnbild für neues Leben gelten. Es heißt, dass sie ursprünglich – als Gabe für nette Menschen – nur rot gefärbt waren, denn auch die Farbe Rot symbolisiert Leben und natürlich die Liebe. Im 17. Jahrhundert begann man damit, Ostereier aufwändig zu verzieren. Heute sind sie bunt wie der Frühling selbst und ihre Schale wird, ganz nach Lust und Laune, bemalt, beklebt, geätzt und gebatikt.

Hart gekocht werden Ostereier gerne gegessen. Damit sie ihren Namen jedoch verdienen, brauchen sie zuerst eine bunte Schale. Am einfachsten geht das mit einem Farbbad, das es in Form bunter Blättchen oder »Pillen« zu kaufen gibt. Kindern macht es aber auch großen Spaß, die vielfältigen Tönungen von **Naturfarben** auszuprobieren. Zwiebelschalen zum Beispiel färben weiße Eier gelbrotbraun. Ein gelbgrünes Farbbad entsteht mit Hilfe von Brennnessel- und Spinatblättern und richtig Gelb wird das Ei mit Hilfe von Kamille oder Blättern vom Apfelbaum. Rote-Beete-Saft zaubert rotviolette Töne hervor. Auch mit Rotholz und Blauholz aus der Apotheke lassen sich Eier wunderschön färben.

Mit all den Vorbereitungen vergeht die Zeit wie im Flug und dann ist endlich **Ostersonntag**! An diesem Tag versteckt der Osterhase braven Kindern bunte Ostereier und allerlei Schokoladen-Leckereien im Garten. Dazu muss er allerdings sehr früh aufstehen, denn die Kinderschar ist kaum zu halten und würde sich am liebsten gleich im Schlafanzug auf die Suche begeben. Aufgeregt werden sämtliche Winkel genauestens durchstöbert: Da! – ein knallrotes Ei leuchtet aus dem Flieder-Gebüsch hervor, ein grünes wird in einem leeren Blumentopf entdeckt, ein blaues klemmt in der untersten Astgabel vom Apfelbaum und ein Schokohäschen schmiegt sich verstohlen an die Schuppenwand ...

Wer es dem Osterhasen richtig bequem machen will, der legt ihm ein besonders schönes **Osternest** an, in dem er seine Geschenke deponieren kann. Weil er so ein Heimlichtuer ist, eignen sich dafür versteckte Gartenwinkel besonders gut.

Sind alle Gaben gefunden, dann schnell hinein zum Oster-Frühstück! Der Tisch ist schon festlich gedeckt – mit Blumen, bunten Eiern, der Osterkerze und einem Osterlamm. Und vielleicht prunkt in der Mitte ein **Oster-Gärtchen**, das die Kinder in ein leeres Obstkistchen gepflanzt haben – mit Krokus und bunten Primeln, mit Schlüsselblumen, Vergissmeinnicht und allem, was Beete und Wiese so hergeben – und dazu ein selbst bemaltes Osterei.

4

Oh, du dickes Ei!

Wir brauchen:

- einen Luftballon
- weißes, aber auch farbiges Transparentpapier oder Japanpapier
- Tapetenkleister + Papiermesser

Und so geht's:

Den Luftballon prall aufblasen und mit 4–5 Lagen Transpartentpapier bekleben, das mit Kleister bestrichen ist. Danach zwei Tage trocknen lassen. Mit einem Bleistift eine möglichst gerade Linie rund um den Ballon ziehen und mit einem Papiermesser daran entlangschneiden. Achtung, es knallt! Sind die Luftballon-Fetzen entfernt, hat man zwei Ei-Hälften, in die kleine Ostergeschenke gelegt werden können.

Weizen-Nester

Wer damit zu Ostern den Frühstückstisch schmücken will, benötigt Folgendes:

- Tontöpfe mit 12–15 cm Durchmesser
- keimfähige Weizenkörner (Reformhaus oder Naturkostladen!)
- etwas Erde
- bunte Eier

Und nun ans Werk:

Weizenkörner brauchen mindestens 2 Wochen Zeit, um zu einem weichen Nest für Ostereier heranzuwachsen. Also früh genug dran denken! Wer will, kann die Tontöpfe zuvor mit bunten wasserfesten Farben bemalen und beschriften. Dann mit Erde auffüllen, Weizenkörner dicht ausstreuen, etwas Erde darüberbröseln und vorsichtig angießen. Immer schön feucht halten! Auch Katzengras und Kressesamen eignen sich.

Blütenkranz

Man muss nicht lange suchen, um das zu finden:

- Löwenzahnblüten mit Stängel
- Gänseblümchen
- eine Tulpe
- dekorative Blätter – z. B. vom Wurmfarn
- eine große flache Schale mit Wasser

Und gleich ist die Blütenzier für das Osterfrühstück fertig:

Zuerst aus Löwenzahn ein Kränzchen anfertigen (siehe Kasten Seite 95) und ins Wasser legen. Das Kranz-Innere wird mit den Gänseblümchen ausgefüllt, die so nicht auseinanderdriften können. Die Mitte schmückt eine Tulpenblüte. Zum Schluss das Ganze noch von außen mit Blättern dekorieren.

Osterhasen

Das ist dazu nötig:

- Für den Hefeteig:
  600 g Mehl, 40 g Hefe, 1/4 l lauwarme Milch, 100 g Butter, 2 Eier, 1 Prise Salz, 60 g Zucker
- für die Schablone:
  starke Pappe, Bleistift, Schere
- zur Fertigstellung:
  1 Eigelb, Rosinen für die Augen, Butter für das Backblech, 10–15 Minuten bei 210 °C

Nun kann's losgehen:

Aus den Zutaten einen Hefeteig bereiten. Auf Pappe in etwa 25 cm Größe die gewünschte Figur aufzeichnen und die Schablone ausschneiden. Den Teig 1 cm dick ausrollen, die Schablone auflegen und mit scharfem Messer oder Teigrädchen Osterhasen ausschneiden und auf das gefettete Backblech legen. Eine Rosine markiert das Auge. Dann die Häschen mit verquirltem Eigelb bestreichen und weitere 15 Minuten gehen lassen.

Eier färben

So sieht die Zutatenliste aus:

- Rohe Eier mit weißer Schale
- trockene Zwiebelschalen
- ein Mulltuch oder ein altes Leintuch, Heftgarn
- ein paar frische Blätter, eine Handvoll feine Grashalme
- ein Schuss Essig, etwas Speiseöl

Und so wird's was:

Das Tuch teilen, ausbreiten und mit den Zutaten dünn bestreuen: erst die Zwiebelschalen für die Farbe, dann Blätter und/oder Gras für die Maserung. Das Ei darauf legen und alles mit Garn zu einem Päckchen verschnüren. Wichtig: Alles muss gut anliegen, sonst bleiben ungefärbte Stellen. Die Eier-Päckchen in einem Topf voll Essig-Wasser 10 Min. kochen, abschrecken, auspacken, mit Wasser abspülen und mit Öl zum Glänzen bringen.

Überraschung!

Wenn wir Folgendes haben ...

- ein 2-teiliges Styropor-Ei (Bastelgeschäft!)
- eine hübsche Serviette
- helle Acryl-Farbe zum Grundieren
- Serviettenkleber (Bastelladen), Pinsel, Schwämmchen, Schleife, evtl. Klarlack
- kleine Geschenke, um sie im Ei zu verstecken

... können wir ein Ei in Servietten-Technik basteln:

Das Ei mit Farbe bestreichen. Während alles trocknet, die Motive aus der Serviette ausschneiden. Nur die obere Schicht verwenden! Danach das Ei an den Stellen, an denen die Serviettenmotive platziert werden sollen, dünn mit Kleber bestreichen und das Motiv vorsichtig andrücken. Sobald der Kleber etwas antrocknet, das Motiv nochmals bestreichen. Gut trocknen lassen und lackieren.

Sommer

Urlaub im Garten – jede Menge Spaß für Groß und Klein

1

Das wird ein Sommer!

Sonnenschein und laue Nächte, in verschwenderischer Fülle schwelgen und am liebsten vor Glück die ganze Welt umarmen: Wer von uns träumt nicht vom Sommer ...

Die Eisheiligen, Mitte Mai, sind vorüber, die letzten Nächte mit Frostgefahr endgültig vorbei. Die Tage werden deutlich länger. Das eben noch zarte, fast durchscheinende Lindgrün der Bäume und Sträucher wandelt sich, erscheint kräftiger, dunkler und irgendwie fülliger. Die allerletzten Tulpen lassen ermattet die Köpfe hängen, aber immer mehr bunte Blumen rundherum proben für den großen Auftritt. Lupinen und Glockenblumen, allerlei Storchschnäbel, Pfingstrosen, Akeleien in bunten Röckchen und Schwertlilien treiben bereits ihr fröhliches Spiel auf den Beeten.

Die saftig grünen Wiesen sind voller Blüten für Kränze und üppige Sträuße. An den Rosen zeigen sich seit zwei, drei Wochen die Knospen, schwellen an, werden dicker und dicker. Doch erst wenn sie sich explosionsartig öffnen, dann ist gewiss: Der Sommer ist im Anflug.

Auf einmal scheinen sich die Ereignisse im Garten zu überschlagen. Obst und Gemüse haben Hochsaison: Tomaten, Gurken und Zucchini, unter Dach sorgsam vorgezogen, werden ausgepflanzt und legen los, dass man ihnen beim Wachsen fast zusehen kann. Salate, Spinat, Kohlrabi, Radieschen und Rettiche sind schon reif für die Ernte, kurze Zeit später gibt es Erdbeeren und gleich danach Kirschen in Hülle und Fülle.

Jetzt ist er wirklich da, der Sommer! Die Luft flirrt vor Hitze und betörende Duftschwaden von blühenden Kräutern und Blumen durchziehen den Garten: Das Parfüm des Sommers hat eine ganz besondere Note, die man nie mehr vergisst. Sonne auf der Haut, Siesta in der Hängematte, die Luft ist erfüllt vom Summen und Brummen Nektar suchender Insekten und vom Zirpen der Grillen und Heuschrecken.

Natürlich sind schöne Sommertage auch zum Feiern da. Ob man nun die Freunde spontan zusammentrommelt oder ob der Besuch von selbst hereinschneit – nur keine Sorge: Ungeplante, improvisierte Feste sind oft die schönsten und dehnen sich meist bis weit in den Abend hinein aus. Kein Wunder, denn die Sommernächte werden zunehmend wärmer und die Kinder haben immer weniger Lust dazu, sie schlafend im Bett zu verbringen. Höchste Zeit, dass es endlich Ferien gibt!

1 Jetzt ist es in der Hängematte besonders fein: Man kann drin schaukeln, träumen, lesen oder sich was erzählen.

2 An heißen Tagen regt der Wasserschlauch zu allerhand feuchten Späßen an.

3 Sonnenstrahlen lassen Blumen sprießen und leckere Früchte reifen.

2

3

Ferienspaß im Garten

Als Urlaubsanschrift ist der eigene Garten immer noch eine Art Geheimadresse. Aber das sollte sich schnell ändern. Denn auf den folgenden Seiten finden Sie und Ihre Kinder ein sommerliches Unterhaltungsprogramm zusammengestellt, das jede Menge Spaß bietet. Vorbei die Tage mit kindlichem Gejammer »Mir ist so langweilig ...« und darauf folgendem elterlichem Gezeter »Bin ich froh, wenn die Schule endlich wieder anfängt!« Dieser Sommer wird allen garantiert in guter Erinnerung bleiben.

Denn – überzeugen Sie sich am besten selbst – es ist eigentlich ganz einfach, Kinder – und damit auch ihre Eltern – glücklich zu machen.

Rosiges Vergnügen

Wie duftet der Sommer? Nach Rosen natürlich! Im Juni – wenn die »Königin der Blumen« ihren ganz großen Auftritt hat – bekommt jedes Kind reichlich Gelegenheit, sich davon zu überzeugen.

Interessant ist, dass es »Duft bewahrende« und »Duft verströmende« Rosen gibt. Bei ersteren muss man schon direkt an den zarten Blütenrüschen schnuppern, um das feine Parfüm zu ergründen. Andere – zum Beispiel sämtliche dicht gefüllten Moschusrosen – verströmen ihre Wohlgerüche so freigiebig, dass schon beim leisesten Lufthauch die ganze Umgebung davon erfüllt ist.

Schnuppern und genießen

Aber: Nicht alle Rosen duften gleich! Das typische Rosenaroma produzieren zum Beispiel die Damaszenerrosen, die übrigens schon seit 3000 Jahren bekannt sind. Doch wer seine Nase immer wieder in neue Blüten versenkt, wird feststellen, dass Rosen auch richtig »blumig« riechen können – nach Maiglöckchen zum Beispiel, oder nach Lilien, Flieder und Veilchen. Andere Rosenaromen passen eher in einen Obstkorb: Die Kletterrose *Rosa longicuspis* etwa duftet deutlich nach Banane, die Sorte 'Frisia' nach Zitrone und 'Erotika' nach Erdbeere. Auch an grüne Äpfel und Orangen kann Rosenparfüm erinnern.

Mmmh, einfach zum Reinbeissen solche Rosen, oder? Neu ist die Idee zwar nicht – aber gut! Schon die alten Römer verspeisten Rosenblüten als Delikatesse und auch noch Jahrhunderte später brachte man feine Rosen-Leckereien als Dessert auf den Tisch, wenn Gäste kamen. Aus duftenden Rosenblüten zauberte man in der Küche Gelee, Bonbons, Sirup, Eis, Pudding, Törtchen und viele weitere Leckereien hervor.

Blütenduft und Rosenernte

Welche Rosen sich zum Verspeisen eignen? Das ist leicht gesagt: Alle! Egal ob Wildrosen, Alte Rosen (das sind alle Sorten, die vor 1867 entstanden) oder moderne Züchtungen – sie schmecken genauso wie sie duften. Manche der neueren Sorten produzieren aber leider gar kein Parfüm – deshalb steht vor der Ernte unbedingt ein Schnuppertest.

Wichtig ist, dass nur ungespritzte, frisch erblühte Rosen für die Küche verwendet werden. Der beste Zeitpunkt für die Ernte ist der Vormittag, wenn die Sonne die Tauperlen gerade getrocknet hat. Dann ist der Blütenduft am intensivsten. Bedeckter Himmel oder kochende Mittagshitze sind weniger gut fürs Aroma. Die duftende Ausbeute wird nicht gewaschen, sondern nur vorsichtig auf Insekten untersucht und wenn nötig ausgeschüttelt.

1 Baden in duftenden Rosenblüten – wie einst die schöne Königin Kleopatra.

2 Rosen-Gelee? Prima! Aber erst gibt es einen Blütenregen.

Dann beginnt das Rosenblätter-Zupfen. Mit Träumen von einer rosigen Zukunft nach dem Motto »Er liebt mich, er liebt mich nicht« hat dies allerdings nichts zu tun. Schließlich geht es hier um künftige Gaumenfreuden! Und deshalb darf man auch nicht vergessen: Die hellen Ansätze der Blütenblätter müssen vor der Weiterverwendung in der Küche unbedingt entfernt werden. Sie könnten bitter schmecken. Einfach und schnell geht das mit einer Schere – wenn man gleich mehrere Blütenblätter übereinanderlegt.

Badesalz

Folgendes wird benötigt:

- 100 g Meersalz
- eine Tasse – dicht gefüllt mit roten oder rosafarbenen, duftenden Rosenblättern
- 1 Tropfen Rosenöl
- rote Lebensmittelfarbe
- Ein Schraubglas mit großer Öffnung

Und so geht's weiter:

Das Meersalz und die Rosenblätter schichtweise in das Glas füllen, das ätherische Öl zugeben. Die Mischung zwei Wochen lang durchziehen lassen, dann etwas Lebensmittelfarbe untermischen, das fertige Badesalz in ein schönes Glas abfüllen und beschriften.
Viel Spaß beim Plantschen!

Rosenzucker

Kuchen und Desserts lassen sich schön damit verzieren, aber auch Deko-Blumen, mit Eiweiß bestrichene und gezuckerte Blütchen, sehen bezaubernd aus.

Für Rosenzucker wird gebraucht:

- 20 g stark duftende, getrocknete Rosenblätter, rosa oder rot (Trocknungszeit: 2–3 Tage)
- 250 g Zucker

Und weiter:

Die Blütenblätter entweder in der Küchenmaschine zerkleinern oder im Mörser zerreiben – bis sie die Konsistenz von grobem Sand haben. Dann den Zucker dazugeben, alles gut vermischen und in einen verschließbaren Behälter füllen.

Rosenkekse

Das sind die nötigen Zutaten:

- 250 g Butter
- 65 g Zucker
- 1 großes Eigelb
- 2 EL Rosenwasser (Naturkostladen)
- 115 g etwas gröber gemahlene Mandeln
- 65 g Maisstärke, 300 g Mehl
- zum Bestäuben: Rosenwasser und Rosenzucker

Nun kann's losgehen:

Den Backofen auf 180 °C vorheizen. In der Zwischenzeit die Butter schaumig rühren und mit den restlichen Zutaten zu einem weichen Teig kneten. Teig 4–5 mm dick ausrollen, kleine Plätzchen ausstechen und 15 Minuten backen. Auskühlen lassen. Schließlich mit Rosenwasser bestreichen und sofort mit Rosenzucker bestreuen oder mit rosa Zuckerglasur überziehen.

1 Elfentanz. Kinder hören gerne Märchen, aber noch viel lieber führen sie selbst eines auf.

Willkommen im Elfenreich!

»Es war einmal ein schöner alter Garten mit lauschigen Ecken und verträumten Winkeln. Ab und zu geschahen dort seltsame Dinge. Jedenfalls schien es den beiden Kindern so, die hier zu Hause waren. Glockenhelles Lachen, leises Flirren zarter Flügel, das Aufblitzen einer kleinen, schimmernden Gestalt im Unterholz – war dies tatsächlich alles nur Einbildung, wie die Eltern meinten?

Eines Tages machte die Familie einen Ausflug und das kleine grüne Reich lag still und verlassen da. Verlassen? Oh, nein! Denn auf einmal erwachte die gute Fee des Gartens aus ihren süßen Träumen. Langsam erhob sie ihren sternenglitzernden Zauberstab und schon versammelten sie sich auf der Wiese zum Tanze: der edle Prinz vom Dunklen Tann mit seiner liebreizenden Prinzessin und die Elfen Lily und Lavendel. Auch der kleine Puck vom Birkenhain und die Wasserfrau aus dem grünen Teiche gesellten sich dazu. Als die Fee ihren Stab ein zweites Mal hob, begann ein fröhliches Fest ...«

Kinder lieben es, sich zu verkleiden

In einer Kiste mit bunten, glitzernden Stoffresten und Tüchern, mit abgelegten Kleidern, Hüten, Schuhen und Schals zu stöbern, kann ihnen allein schon stundenlanges Vergnügen bereiten. Noch viel aufregender ist es, ein Theaterstück oder ein Märchen zu inszenieren, mit selbstgebastelten Kulissen und allem Drum und Dran.

Diesmal soll im Garten ein Elfenfest stattfinden. Ein Moskitonetz, einfach in einen Baum gehängt, verwandelt sich im Nu in ein wunderbares Elfenschloss. Mit einer schönen Decke, vielen weichen Kissen und zarten blauen und weißen Bändern wird es prunkvoll ausstaffiert.

Währenddessen kümmern sich kleine Musikanten um die passende Zaubermusik. Flöten, Blättertrommeln und ein selbstgebautes Xylophon (siehe Seite 28, Kapitel »Spielend die Welt entdecken«) sind fabelhaft dafür geeignet. Natürlich fühlen sich im Elfenreich auch noch andere Märchenwesen zu Hause und bevölkern Wiese und Gebüsch. Selbst das scheue Einhorn ist – dank fleißiger Künstlerhände und Pappmaché – hier anzutreffen. Wenn man es nicht erschreckt, lässt es sich sogar streicheln.

Menschen, vor allem die ausgewachsenen, sind natürlich beim Elfenfest nicht zugelassen – sie sind viel zu groß und zu schwerfällig für einen Elfenreigen. Aber wenn er richtig gut einstudiert ist, dürfen sie immerhin der Vorstellung vom Rand aus beiwohnen.

Übrigens: Es sind nicht immer nur Elfen, die man auf der grünen Wiese im Garten antrifft. Demnächst geben sich vielleicht kleine Gespenster, Seeräuber oder auch Indianer ein Stelldichein – je nach Fundus, der den kleinen Schauspielern in heimischen Speichern und Kellern zur Verfügung steht.

1

2

3

1 Im Reich des Froschkönigs erleben Kinder viele aufregende Abenteuer.

2 »Pappmaché« heißt das Zauberwort, das Einhörner und andere märchenhafte Vierbeiner zum Leben erweckt.

3 Ob die kleine Fee wohl auch drei Wünsche erfüllt?

Einhörner und andere Vierbeiner

... nehmen ganz einfach durch Pappmaché Gestalt an. Allerdings ist dabei die Mithilfe der Eltern gefragt.

Das wird dringend benötigt:

- Tapetenkleister, ein Stapel Zeitungen
- feiner Hasendraht
- Gummihandschuhe – auch in kleinen Größen
- mehrere gehobelte Leisten, evtl. ein Holzbock
- Vaters Werkzeugkasten, Farben, Klarlack

Und so geht's:

Der »harte Kern« des Fabeltieres – vier Beine, Körper, Hals und Kopf – besteht aus zusammengenagelten Holzleisten. Ein gekaufter Holzbock (vom Baumarkt) als Innenleben tut's auch – dann braucht man nur noch Hals und Kopf daran anzubringen. Darum herum wird nun aus biegsamem Hasendraht der Körper des Märchenwesens modelliert und mit dem restlichem Maschendraht ausgestopft.

Und weiter: Tapetenkleister nach Packungsvorschrift ansetzen, Zeitungen in unterschiedlich große Stücke reißen, im Kleister einweichen und von oben nach unten – in mehreren Schichten – den Rohling aus Draht und Holz damit belegen (Gummihandschuhe!). Damit die Oberfläche schön eben wird, zum Schluss nochmals Tapetenkleister auftragen und trockene Papierschnitzel aufkleben. An einem warmen Ort gut austrocknen lassen und mit den gewünschten Farben bemalen, danach mit wetterfestem Klarlack überziehen. Natürlich kann auf diese Weise auch ein kleiner Drache oder anderes Fabel-Getier in den Garten einziehen.

Wie märchenhaft!

Leider lassen sich Märchenwesen nicht einfach herzaubern – aber dafür prima in Form kneten. Aus Ton (vom Töpfer) oder Knetmasse (aus dem Bastelladen) gefertigt, könnte zum Beispiel der **Froschkönig** oder auch ein kleiner **Wichtel** am Elfenfest teilnehmen. Allerdings: Nur hochgebrannt widerstehen die Märchengeschöpfe der Nässe draußen im Garten.

Und wenn dann noch etwas Knetmasse übrig ist – wie wär es mit ein paar **Baumgeistern**? Knorrige, alte Bäume mit Spalten und Astlöchern sind als Wohnsitz für sie wie geschaffen. Schnell ist eine freche Fratze oder ein grinsendes Koboldsgesicht in die Höhlung hineinmodelliert. Bunte Farben sorgen dafür, dass man sie gleich entdeckt. Außen auf der Baumrinde könnten noch allerhand fabelhafte Krabbeltiere herumklettern. Und wer weiß, vielleicht erhält sogar der Baum selbst noch ein Gesicht aus Knete?

Lily, die Fee

Es ist ganz einfach, aus bunter Märchenwolle (Bastelgeschäft), Kleber und Faden eine niedliche kleine Fee zu basteln: Ein roter Wollebausch ergibt – entsprechend abgebunden – ein Kleid und das Haarband, ein weißer liefert die üppige Haarpracht und die Hände. Der Kopf besteht aus einer rosaroten Papierkugel, auf die das Gesichtchen aufgemalt wird.

1 Erfrischung gefällig? An heißen Tagen lieben es Kinder möglichst feucht. Da kommt eine Wasserparty gerade recht.

2 Warum ins überfüllte Freibad? Im Garten haben kleine Wasserratten mindestens genau so viel Spaß.

Wasser-Party

Heiß, heiß, heiß! Das Thermometer steht fast auf 30 °C – die Kinder haben Hitzefrei. Schon die kleinste Bewegung bringt sie zum Schwitzen und selbst zum Denken ist es viel zu warm. Was macht man mit so einem Tag? Am besten, man verbringt ihn im Schatten, sachte in einer Hängematte schaukelnd, oder – genau! – man feiert eine Wasser-Party!

Als Festkleidung empfehlen sich Badehose, Bikini oder Badeanzug und ein möglichst großes Handtuch. Alles, was nicht nass werden darf, bleibt am besten gleich zu Hause, denn auf einer Party für Badenixen und Wasserratten geht es ziemlich feucht her.

Zur Einstimmung für das kühle Vergnügen braucht man natürlich die passende Dekoration: Tücher und feiner Tüll in den Farben des Wassers – Blau, Türkis und Jadegrün – bilden die Kulissen. Schnell eine Wäscheleine von Baum zu Baum gespannt, die Stoffe darüber gehängt, mit Wäscheklammern befestigt – fertig! Schön wären dazu auch noch ein paar Wasserwellen-Bilder in allen möglichen Blau- und Grünschattierungen – von kleinen Künstlern mit Wasserfarben gemalt. Was jetzt noch fehlt, ist eine Nixe mit langem Haar und einem glitzernden Schuppenschwanz. Fix wird sie aus Pappkarton geschnitten, bunt bemalt, und schon schwimmt sie zwischen den Wellen an der Leine. Ein paar Fische und Seesterne zur Gesellschaft wären auch nicht schlecht! An einer weiteren Schnur hängen lauter durchsichtige, mit Wasser gefüllte, zugebundene Gefrierbeutel. Was da wohl drin ist? Ganz einfach: jeweils ein kleines Gummi-Wassertier – eines zum Aufziehen oder eines, das Wasser spritzt, wenn man es drückt. Das sind die Preise, die die Kinder bei Spiel und Spaß gewinnen können.

Wassernixens Festtafel

Selbstverständlich ist auch die Festtafel mit einer wasserblauen Decke geschmückt. Darauf liegen, passend zum Party-Motto –

Spiel und Spaß für Wasserratten

Wasser-Staffette: Am Start stehen zwei, mit der gleichen Wassermenge gefüllte Eimer – am Ziel zwei leere. Die Spiel-Teilnehmer bilden zwei Gruppen, um mit Hilfe eines Bechers das Wasser von dem vollen Kübel in den leeren gegenüber zu befördern – und zwar so schnell wie möglich. Dabei wandern die Becher von einem Kind zum nächsten, bis die vollen Eimer geleert sind. Gewinner ist die Gruppe, die am wenigsten verschüttet hat.

Wasserbomben-Schlacht: Anstatt sie aufzublasen, werden Luftballons mit Wasser gefüllt. Damit kann man andere Kinder wunderbar bewerfen. Hat schon mal jemand versucht, zwei Luftballons ineinander zu stecken, den inneren mit dem feuchten Nass zu füllen und den äußeren ein bisschen aufzublasen? Nein? Dann aber los!

Luftballontreten auf einer glitschignassen Folie macht noch viel mehr Spaß als auf sicherem Untergrund. Jedes Kind bekommt einen aufgeblasenen Luftballon ans Fußgelenk gebunden. Und schon geht's los – jeder gegen jeden. Aber nur auf die Ballons treten! Gewinner ist, wer das letzte noch heile Exemplar am Bein hängen hat.

Eisbär und Pinguine: Fangen spielen im nassen Element: Ein Eisbär macht Jagd auf Pinguine. Hat er einen erwischt, verwandelt sich dieser in das Raubtier und scheucht nun alle anderen. Das Schwierige dabei: Es »gilt« nur da, wo es nass ist ...

Muscheln, Schneckenhäuschen, schöne bunte Steine und hölzernes Treibgut – lauter selbst gesammelte Souvenirs, die noch vom letzten Urlaub am Meer stammen. Aufblasbare Gummitiere – Delphin, Orka, Wasserschildkröte, Krokodil oder Wasserschlange – mit denen Kinder so gerne im Wasser planschen – sind als Dekoration ebenfalls höchst willkommen. Nun werden noch sämtliche Kübel, Eimer, Wannen, die der Haushalt hergibt, mit erfrischendem Nass gefüllt. Und natürlich darf auch ein am Wasserhahn angeschlossener Schlauch nicht fehlen. Kleine Badenixen und Wassermänner spritzen – ein bisschen Abkühlung gefällig? – nämlich gerne damit herum.

»Wasser marsch!«

Außerdem wird der Gartenschlauch dringend für die große, stabile **Kunststofffolie** aus dem Baumarkt gebraucht, auf der es sich so herrlich herumglitschen und -flutschen lässt, so lange sie nass ist. In Nullkommanichts ist sie auf dem Rasen ausgebreitet – Zeltheringe, durch die Ösen am Rand gesteckt, sorgen für den nötigen Halt im Boden. Dann heißt es »Wasser marsch!« Der Wasserschlauch wird aufgedreht und so auf die Folie gelegt, dass sie vor Nässe schwimmt. Und schon kann es losgehen: Wer kommt wohl am schnellsten am anderen Ende an? Aber Achtung – bei Sonnenschein und **ohne** Wasserkühlung wirkt die Folie wie ein Brennglas, der grüne Rasen darunter ist im Nu verdorrt.

Viel Spaß haben kleine Wasserratten auch mit **Planschbecken** aller Art. Sind für das Fest keine aufzutreiben, kann man vielleicht bei Nachbarn und Freunden aufblasbare **Schlauchboote** ausleihen und mit Wasser füllen.

Und was gibt es zum Essen?

Na, Nixen-Muffins und Wasserschlangen natürlich! Eine dicke Wassermelone als Dessert darf auch nicht fehlen. Und wie wäre es mit Fisch? Aus Alu-Folie kann man eine entsprechende Form zurechtbasteln (Ränder hochkrempeln!). Dort hinein wird Quark – mit Kräutern, Gewürzen, Salz, Joghurt und einem Schuss Sahne verfeinert – gefüllt. Dünn geschnittene Gurken- oder Radieschen-Scheiben bilden die Schuppen, eine Olive das Auge des Fisches. Wurde das dekorative Werk lange genug bewundert, dürfen die Kinder die leckere Quarksoße mit Brot herausdippen.

Nixen-Muffins

So sieht die Zutaten-Liste für 8 Muffins aus:

- 240 g Mehl, 2 TL Backpulver, $^{1}/_{2}$ TL Natron
- 80 g Zucker, 1 Päckchen Vanillezucker, 1 Prise Salz
- 1 Ei, 1 Tasse Milch, $^{1}/_{2}$ Tasse Öl
- Schale von $^{1}/_{2}$ unbehandelten Zitrone

Und so geht's weiter:

Backrohr auf 190 °C vorheizen. Trockene und flüssige Zutaten in getrennen Schüsseln mischen, dann kurz zusammenmischen (Klümpchen dürfen sein!). Die Vertiefungen eines Muffin-Blechs zu $^{2}/_{3}$ mit Teig füllen und 20–25 Minuten backen. Die Muffins auskühlen lassen, mit Zuckerglasur (etwas Lebensmittelfarbe dazu geben) bepinseln und mit Zuckerperlen bestreuen.

Rezepte

Wasserschlangen

... brauchen nur wenige Zutaten:

- fertigen Blätterteig aus der Tiefkühltruhe
- groben Zucker, Salz
- ein paar Rosinen

Und sind schnell gemacht:

Backrohr auf 200 °C vorheizen. Blätterteig ausrollen, mit einem Messer lange schmale Streifen herausschneiden und auf das gefettete Backblech legen. Mit den Fingern zu Schlangen formen. Ein paar Fische passen natürlich auch dazu.

Nach Geschmack mit grobem Zucker oder Salz bestreuen, eine Rosine als Auge andrücken. Im Ofen etwa 12 Minuten goldbraun backen.

Alles Gute zum Geburtstag!

Wer im Sommer seinen Geburtstag feiert, ist besonders fein heraus – und die Eltern sind manche Sorge los. Denn der eigene Garten ist der ideale Festplatz für die unternehmungslustige kleine Gesellschaft. Es gibt genügend Platz zum Toben und Raum genug für nicht alltägliche Spiele.

Als **Dekoration** für den Kindergeburtstag eignen sich bunte Luftballons wunderbar. Am besten hängt man sie gleich gebündelt auf – am Sonnenschirm, an Äste oder an einer Wäscheleine. Auch Krepppapier ist fein, um den Garten auszustaffieren: Mit selbstgebastelten Ziehharmonika-Girlanden, die sich von Baum zu Baum schwingen, und exotisch aussehenden Papier-Blüten kommt gleich fröhliche Stimmung auf. Noch ein paar Lampions in das Astwerk gehängt – jetzt ist schon beinahe alles komplett. Was vielleicht noch fehlt, sind Wimpel und Fähnchen an einer Schnur und ein paar lustige Windräder, die einfach in den Boden gesteckt werden – so kommt auch noch Bewegung ins Spiel, schon beim allerkleinsten Windhauch. Ein kleines Bäumchen könnte sich mit Leckereien in bunten Papiertüten in eine Art Wunderbaum aus dem Schlaraffenland verwandeln. Dort hängen die Preise, die die Kinder bei allen möglichen Spielen gewinnen können. Am Ende des Festes darf der Baum von den kleinen Gästen dann vollständig geplündert werden.

1 Ein Hoch auf das Geburtstagskind! Einmal im Jahr im Mittelpunkt stehen und so richtig gefeiert werden – darüber freut sich jedes Kind.

Ob es nun Kuchen und Kakao, Würstchen mit Kartoffelsalat, Sandwiches zum selber belegen oder Pizza aus dem Backofen zum Essen gibt, das ist für die kleinen Gäste meistens gar nicht so wichtig. Das Beste am Geburtstagsfest sind eben doch **die Spiele** – jedenfalls bis aus Kindern Teenager geworden sind. Topf schlagen, Sack hüpfen, Würstel schnappen, Blinde Kuh, Reise nach Jerusalem, Schokolade essen (mit Hut, Schal, einem Paar Handschuhe, Messer und Gabel), nach Bonbons in einer Schüssel tauchen, Füttern mit verbundenen Augen, das Zertanzen von an das Bein gebundenen Luftballons, der Orangen-Tanz (eine Orange wird zwischen zwei Kinder-Stirnen geklemmt und darf trotz Bewegung nicht herunterfallen) und Scharaden erraten (pantomimisch wird ein Begriff, Flohzirkus zum Beispiel, dargestellt und muss von den anderen erraten werden) – das alles bringt kleinen Festgästen jede Menge Spaß und sorgt für stundenlange Unterhaltung.

Wir feiern das Geburtstagskind

Für unsere Kleinen ist es das Größte: Einmal im Jahr die Hauptperson sein und von Eltern, Geschwistern und Freunden so richtig gefeiert werden. Daran merkt man doch gleich, wie lieb sie einen haben!

Deshalb freut sich Geburtstagskind auch über dieses Ritual: Es bekommt eine schimmernde Krone aus Goldpapier aufgesetzt und nimmt auf einem mit bunten Bändern und Blumen geschmückten »Thron« Platz. Nun wird es von den Festgästen so oft in die Luft gehoben wie es Jahre alt ist. Ein zusätzliches Hochheben soll Glück und ein langes Leben bringen. Anschließend fassen sich die Kinder an der Hand und umtanzen den kleinen Geburtstags-König.

Wer in einem größeren Garten eine Manege für Spiele und Darbietungen aller Art schaffen möchte, stellt im Rund Stühle oder Obstkisten auf, die ebenfalls praktisch zum Sitzen sind, und hängt in Augenhöhe bunte Krepppapier-Bänder über gespannte Leinen oder einfach ins Geäst. Man kann natürlich auch mit besonders langen Krepppapier-Streifen ein Zelt darstellen, indem man sie an einem

1 Sackhüpfen: Mit großen Känguru-Sprüngen um die Wette hopsen. Wer ist als Erster im Ziel?

2 Faszinierend, was dem Kasperl alles einfällt! Auch Prinzessin, Krokodil und Hexe geben ihr Bestes und lassen das Geburtstagskind hochleben.

Ende bündelt und zusammengebunden möglichst hoch aufhängt. Dann zieht man die Bänder kreisförmig auseinander und wickelt sie einmal über eine rundum in Kopfhöhe gespannte Wäscheleine, den Rest lässt man bis zum Boden hängen. Werden dazu möglichst viele Streifen verwendet, kann man sich das Zelt mit schrägem Dach und geraden Wänden dann gut vorstellen.

Auf geht's in den Zirkus!

Spaß macht es aber auch, sich ein bestimmtes Motto für das Geburtstagsfest auszudenken – nach dem die ganze Feier ausgerichtet wird. Wie wäre es zum Beispiel mit »Zirkus Pimpernelli«? Achtung aufgepasst – der Zirkusdirektor im schwarzen Frack kündigt als erstes den dicken schnurrbärtigen Gewichtheber an, der mit einem Kissen unter dem Ringelpullover, breitem Gürtel und gewaltigen Papiermuskeln unter Ächzen und Stöhnen unglaubliche Gewichte (etwa einen Besenstiel mit zwei aufgeblasenen Luftballons) stemmt. Auch eine Seiltänzerin ist zu bewundern, wie sie mit zierlichen Schritten und ihrem aufgespannten Schirmchen über ein am Boden liegendes Seil tippelt. Jetzt erscheinen zwei Dressur-Reiter in der Manege, die mit ihren folgsamen Steckenpferden schier unglaubliche Tricks vorführen.

Höchste Zeit für einen Tusch! Dafür ist die Zirkuskapelle verantwortlich, die mit Topfdeckeln, Mundharmonika, Flöte, klapperndem Besteck in einer leeren Blechdose und einer Suppentopf-Pauke mit Soßenlöffel-Trommelschlägel die Darbietungen musikalisch untermalen. Was jetzt noch kommt? Eine lebensgefährliche Raubtier-Dressur mit fauchenden Pappmasken-Tigern und -Löwen zum Beispiel und ein Schlangenbeschwörer, dessen Gummischlange, am Flötenende angebunden, jede Bewegung mitmacht, Akrobaten, die Seil springen, Rad schlagen und auf Stelzen gehen können – und natürlich dürfen auch die Clowns nicht fehlen, die in weiten Hosen und viel zu großen Schuhen ihre Späße treiben. Vielleicht kennt sogar der Hund des Geburtstagskinds noch ein paar lustige Tricks – wie etwa durch den Reifen springen – die er zum Besten geben könnte. Wenn die Eltern abends schließlich zum Abholen kommen, sind sie begeisterte Zuschauer einer nun fast schon perfekt einstudierten Show.

Das war also der Zirkus Pimpernelli – aber es gibt ja noch viel mehr schöne Ideen für ein gelungenes Geburtstagsfest – eine »Reise durchs Märchenland« zum Beispiel. Oder wie wäre es mit einer »Landung auf der Pirateninsel«, einem »Besuch im Zauberwald«, einem »Hexenfest« oder mit dem »Leben auf der Ritterburg«? Und sind alle rechtschaffen müde, lassen sich die Kinder von Kasperl, Krokodil und Hexe verzaubern, bevor sie den Heimweg antreten.

1 Am Feuer sitzen und in die Flammen schauen, das gefällt Großen und Kleinen.

2 Kinder zündeln für ihr Leben gern. Wenn sie es unter Aufsicht der Erwachsenen tun, ist dagegen nichts einzuwenden.

3 Praktisch für kleine Gärten – der Feuerkorb.

Feuer und Flamme

Manche Sommerabende sind einfach viel zu schön und zu warm, um früh ins Bett zu gehen. Bis tief in die Nacht sitzt man im Garten zusammen, hört dem Zirpen der Grillen und Zikaden zu und hält am samtschwarzen Himmel nach Sternschnuppen Ausschau.

Knipst jemand dann einen Lichtschalter an, ist im Nu die ganze Stimmung verflogen. Die passendere Außenbeleuchtung für solch lange Abende voller Romantik liefert ohne Zweifel Kerzenlicht. Kerzen kann man auf einem Leuchter befestigen, in einen Tontopf oder Eimer stellen, in einer Wasserschale oder im Teich schwimmen lassen, sie in einem Windlicht auf den Tisch bringen oder in Lampions und Glaslaternen in die Äste der Bäume hängen. Auch mit Teelichtern in schlichten Wassergläsern, mit selbst gemachten Leuchten aus Konservendosen oder Papier lässt sich der Garten – ganz ohne viel Aufwand – in eine zauberhafte Stimmung tauchen. Bekommt man da nicht Lust auf ein richtig funkelndes Lichterfest?

Abenteuer Lagerfeuer

Zur Krönung des Abends fehlt dann nur noch ein kleines Lagerfeuer. Darin sind sich Erwachsene wie Kinder einig. Die Begeisterung fürs Zündeln zieht sich nämlich durch sämtliche Altersklassen und der Trieb scheint tief in uns zu sitzen: Mit strahlenden Augen und von der Hitze geröteten Wangen drängen sich alle im Kreis um das Feuer, lauschen auf das Knistern und Knacken, starren fasziniert in die lodernden Flammen – und fühlen sich rundum glücklich und zufrieden. Denn Feuer in gebändigter Form wärmt ganz offensichtlich nicht nur klamme Hände und Füße, sondern auch das Herz. Da hat sich seit der Steinzeit wohl nicht viel verändert!

Schon die Vorbereitungen für ein Lagerfeuer machen Kindern ungemein Spaß. Was gibt es da nicht alles Spannendes zu lernen: Als erstes, wie man eine Feuerstelle anlegt, welches Holz sich zum Sammeln eignet (es darf auf

Vorsicht Feuer!

Kinder, die ihren Hang zu Feuer und Flamme unter der Aufsicht von Erwachsenen ausleben dürfen und dabei lernen, verantwortungsvoll damit umzugehen, kommen nicht so leicht auf dumme Gedanken. Sie wissen schließlich, auf was sie achten müssen. Das alleroberste Gebot lautet: Es wird kein Unfug mit dem Feuer getrieben! Es darf nichts in der Nähe sein, was leicht entzündlich ist und für den Notfall muss stets genügend Wasser zur Verfügung stehen, um die Flammen sofort löschen zu können. Natürlich werden auch sämtliche Glutreste gelöscht, bevor man den Platz wieder verlässt.

keinen Fall nass sein), wie man es richtig aufschichtet und schließlich auch noch anzündet, ohne sich die Finger zu verbrennen. Kleine Pfadfinder machen es so: In der Mitte befindet sich ein Haufen aus Spänen, dürrem Reisig, trockenen Zapfen und zerknülltem Papier. Darüber bilden hochkant gestellte Holzscheite oder Äste eine Art Pyramide. Sie dürfen allerdings nicht zu dicht geschichtet werden, damit noch genügend Luft bis in das Innere vordringt. Angezündet wird die leicht brennbare Mitte – und zwar möglichst weit unten – an der Seite, aus welcher der Wind kommt. So entwickelt das Feuer genügend Kraft und greift bald auch auf die dickeren Scheite über. Dann kann eigentlich nichts mehr schief gehen!

Zündende Ideen

Und wie könnte nun eine sichere Feuerstelle aussehen? Fabelhaft geeignet wäre zum Beispiel eine **Sandmulde**, eingefasst mit einem Kranz aus Klinkern oder runden Feldsteinen. Selbst ein perfekter Grill kann damit nicht konkurrieren – jedenfalls nicht aus Kindersicht. Doch manchmal muss man, aus Platzgründen, auf eine kleinere Variante des Lagerfeuers zurückgreifen. Auf der Terrasse zum Beispiel hält auch ein stabiler **Feuerkorb** aus Eisen die züngelnden Flammen im Zaum. Und sogar auf empfindlichem Fliesenboden kann man ein Feuerchen wagen – mit einer **Feuerschale** aus Keramik, die nach dem Vorbild altrömischer Kohlebecken funktioniert. Oder wie wäre es mit einem der mexikanischen Tonöfen, die es neuerdings überall zu kaufen gibt?
Merkwürdigerweise wird es überhaupt nicht langweilig, einfach nur dazusitzen und fasziniert ins Feuer zu schauen. Doch dann, wenn der wilde Tanz der Flammen erlahmt und nur noch die wärmende Glut übrig ist, erwacht man so langsam aus der Hypnose. Meistens hat man dann ziemlich Hunger! Das ist zum Glück auch genau der richtige Moment, um in Alufolie gewickelte Kartoffeln in die Glut zu legen oder Stockbrot und Würstchen in der Hitze des abgebrannten Feuers zu garen. Damit kann garantiert kein noch so köstliches Gericht aus der Küche konkurrieren. Es gibt einfach nichts besseres!

Solche Abende, wo Feuer und Flamme die Dunkelheit erhellen, für mollige Wärme sorgen und wie vor Jahrtausenden das Essen garen, sind allen Kindern unvergesslich. Sie bekommen im Schatzkästlein der Erinnerungen garantiert einen Ehrenplatz!

Mondblumen, Königinnen der Nacht

Aber nicht nur das kontrollierte Zündeln unter Aufsicht der Eltern macht unserem Nachwuchs Riesenspaß – es tun sich auch nachts im Garten unglaubliche Dinge. Tagsüber ist den Kleinen alles vertraut, doch sobald die Sonne hinter dem Horizont verschwindet, sieht alles gleich ganz anders aus …

Gerade noch schienen alle Blumen zu schlafen, doch ganz plötzlich ist die Luft erfüllt von betörenden Pflanzendüften. Die »Mondblumen« sind aufgewacht!

Kaum eine Pflanze kann das wunderbare Aroma der Nachtviole *(Hesperis matronalis)* übertreffen. Mit ihren unscheinbaren Blüten fällt sie tagsüber kaum auf, in der Abenddämmerung jedoch verwandelt sie sich in eine Königin der Düfte. Auch Lilie, Taglilie, Phlox, Ziertabak, Wunderblume, Resede,

3

Laterne, Laterne ...

Ideen für die Festbeleuchtung:

Hier geht's lang: Damit in der Dunkelheit alle den Weg in den Garten finden, auf der Treppe nicht stolpern oder gar in den Teich fallen: Ein Spalier aus Tontöpfen sorgt für die nötige Erleuchtung (ganz preiswerte aus dem Baumarkt genügen!). Man legt sie – im Abstand von etwa einem Meter – einfach auf die Seite, so dass sie wie kleine Höhlen aussehen, und stellt ein Teelicht hinein. Wer die Innenseite der Töpfe zusätzlich mit Silberfarbe bestreicht, lässt die kleine Flamme noch heller strahlen.

Meeresleuchten: Einfach schön und schön einfach – Mutters Einmachgläser verwandeln sich im Nu in romantische Windlichter. Nur ein wenig Sand einfüllen (so etwa 3–5 cm hoch), ein paar bunte kleine Muscheln und Schneckenhäuschen, vielleicht auch ein paar gläserne Murmeln verstreuen, ein simples Teelicht in die Mitte stellen – fertig.

Leuchtfeuer aus der Küchenschublade: Schöpfkellen für Suppen und Soßen entpuppen sich als wunderbare Teelicht-Halter. An ihrem gebogenen Stil lassen sie sich ganz einfach an eine Wäscheleine oder in das Geäst hängen. Auch große Reiben aus Edelstahl erstrahlen plötzlich in ganz neuem Glanz, wenn man sie als Tischbeleuchtung über ein Teelicht stülpt (Achtung – der Henkel wird dabei sehr heiß!).

Konservierter Schein: Mit einem dekorativen Lochmuster versehen erhellen auch Konservendosen die Sommernacht. Und so geht's: Leere Dose auf ein Rundholz stecken und mit Hammer und Milchdosen-Öffner Löcher hineinstanzen. Wem das zu anstrengend ist, der verwendet lieber metallisch glänzende Prägefolie aus dem Schreibwarengeschäft. Die Fantasiemuster lassen sich hier viel leichter hineinschneiden oder -lochen. Anschließend das Ganze um ein Marmeladen-Glas wickeln, mit zwei Büroklammern schließen, Teelicht hineinstellen – fertig!

1

Leucht-Schiffchen: Teelichter im Alubecher und kurze, breite Kerzenstumpen treiben sich gerne schwimmend auf dem Wasserspiegel herum. Ob Teich oder Schale ist ihnen egal – es darf nur kein Seegang herrschen, weil die kleinen Leuchtfeuer sonst Schlagseite bekommen und verlöschen.

Lichterkette: Aus einer Wäscheleine, einigen Gläsern mit Schraubverschluss (z. B. Gläser für Babynahrung) und Teelichtern lässt sich eine 1-A-Lichterkette basteln. Man muss nur biegsamen Draht fest um den Gläserhals wickeln und ihn anschließend an der Spannleine befestigen. Verschiedenfarbiges Seidenpapier, mit der Zickzackschere in Form geschnitten, als eine Art Bauchbinde um das Glas gewickelt und mit Bast festgebunden, sorgt dafür, dass es ein richtig bunter Abend wird.

Feuerwerk um Mitternacht: Das ist der Höhepunkt der Sommernacht: Dutzende von Wunderkerzen (am besten in der superlangen Ausgabe) werden in Gras und in Beete gesteckt oder im Buschwerk aufgehängt. Dann kommt es darauf an, alle so schnell wie möglich anzuzünden. Entzückte Aaahs und Ooohs sind garantiert.

1 Wunderschön, das Meeresleuchten im Einweckglas.

2 Der Ruch von Freiheit und Abenteuer umweht so ein zünftiges Lagerfeuer – auch wenn es »nur« im Garten brennt.

3 Ein lauer Abend, viel zu schade, um drinnen zu sitzen. Ideal für ein funkelndes Lichterfest!

Seifenkraut, Levkoje, Heliotrop, Gemshorn und Engelstrompete geben ihr verführerisches Parfüm großzügig an die laue Nachtluft ab.

Eine besonders eindrucksvolle Show bietet die nach Vanille duftende Nachtkerze: In schnellem Zeitraffertempo öffnet sie Blüte um Blüte. Wer hätte gedacht, dass Blumen so fix sein können! Zweck der »Nachtarbeit« ist es, die bestäubenden Nachtfalter anzulocken. Wer ganz ruhig neben den duftenden Blumen stehen bleibt, wird

2

bestimmt bald einen entdecken. Übrigens: Ganz helle oder weiße Blüten schimmern auch noch geheimnisvoll im Dunkeln, sobald auch nur ein Lichtstrahl – vom Mond oder einer Kerze – auf sie fällt.

Leuchtfeuer im Unterholz

In lauen Sommernächten (Ende Juni bis Mitte Juli) leuchten Glühwürmchen wie winzige Lampions durch die Dunkelheit. Die kleinen Käfer sind auf der Suche nach einem Partner. Nimmt man so einen grüngelb schimmernden Mini-Leuchtball vorsichtig in die Hand, verbrennt man sich erstaunlicherweise nicht die Finger, denn sein Licht ist »kalt«. Fliegen Leuchtkäferchen wie Funken durch die Luft, dann handelt es sich stets um Männchen, die nach einem Weibchen Ausschau halten. Die flügellosen Leuchtkäfer-Damen sitzen als winzige Leuchtfeuer unten am Boden und erinnern im Aussehen mehr an einen Wurm als an einen Käfer.

Stacheliger Besuch

Es rappelt plötzlich im Gebüsch und dazu ist ein lautes Schnauben, Fauchen, Puffen und Tuckern zu vernehmen? Dann kann man die vor Schreck gesträubten Haare getrost wieder glätten. Es handelt sich um keine mitternächtliche Erscheinung: Eine Igeldame hat Besuch von einem Igelherrn bekommen, der sie nun begeistert umwirbt. Wer die kleinen Stacheltiere füttern möchte, darf ihnen auf gar keinen Fall Milch oder rohe Eier reichen – das kann tödlich enden. Katzen- oder Hunde-Dosenfutter, ein hart gekochtes Ei oder frisches Rinderhack sind verträglicher. Noch Fragen? Unter **www.pro-igel.ch** gibt es jede Menge wichtige Informationen und gute Ratschläge.

Stockbrot

Rezept

Das wird benötigt (für 12 Kinder):

- 1 kg Mehl, 1–2 TL Salz
- 2 Päckchen Trockenhefe
- getrockneter Oregano und Thymian
- 1/4–1/2 l Wasser
- 12 Haselnussstöcke (ungiftig!), an einem Ende auf etwa 30 cm von der Rinde befreit
- ein offenes Feuer

Und so geht's:

Alle trockenen Zutaten miteinander vermengen, nur so viel Wasser zugeben, dass der Teig eine elastische Konsistenz bekommt. Mit einem Tuch zudecken und gehen lassen.

Würste aus dem Teig formen und spiralförmig um die Spitzen der Stecken winden, die Enden dabei gut festdrücken, damit sie beim Rösten nicht aufgehen.

Über die Glut halten, bis der Teig gebacken ist. Vorsicht, nicht verbrennen lassen!

Der Holunder blüht!

Alle kennen ihn, den kleinen Baum mit krummem Stamm und hellgrauer, rissiger Borke.

»Ringel, ringel, reihe! Wir sind der Kinder dreie. Sitzen unterm Hollerbusch, machen alle husch, husch, husch«
Schon seit vielen Generationen tanzen Kinder um ihn herum ihr Reigenspiel und singen dazu ihr lustiges Sprüchlein. Das weiße, schwammig-weiche Mark im Innern seiner brüchigen Zweige lässt sich leicht mit Hilfe eines stabilen Drahts herauspulen. Dann kann man aus dem ausgehöhlten Holz des Kinderlieblings erstklassige Flöten und Blasrohre basteln.

Einst sah man in dem kleinen Baum eine Art Glücksbringer, galt er doch als Wohnsitz guter Geister, die Haus und Hof vor Unheil bewahrten. Ein alter Bauernspruch sagt: »Vor dem Holler sollst du den Hut abnehmen« – ein Beweis für die Hochachtung vor dieser heilkräftigen, grünen Apotheke, die einst gegen eine Vielzahl von Krankheiten im Einsatz war.

Im Frühsommer, im Juni und Juli, ist es endlich so weit: Die Luft ist erfüllt vom Honigduft zahlloser winziger weißer Blütensternchen. Jetzt ist der richtige Zeitpunkt für die Ernte gekommen! An einem sonnigen, trockenen Tag – ausgerüstet mit Korb und Schere – zieht man los, um die frisch geöffneten Blütenschirme abzuschneiden (Achtung – gelegentlich sind welche von schwarzen Blattläusen belagert!). Das geht so kinderleicht, dass man seine Begeisterung direkt zügeln muss. Schließlich sollen ja auch noch genug schwarze Beerendolden heranreifen können, um dann ebenfalls in die Küche zu wandern. Außerdem hoffen die Vögel auf einen gedeckten Tisch!

Und was fängt man nun an mit dem Erntesegen?

Am bekanntesten sind die »Hollerküchel« – im Teigmantel ausgebackene Blütendolden – fix zubereitet und als Dessert sooo köstlich. Dazu kann man nur ganz frische Blüten verwenden. Die duftige Fülle lässt sich aber auch für später konservieren – als Holunder-Sirup zum Beispiel, oder man trocknet die Blütenpracht und brüht daraus Tee auf: Pro Tasse ein Teelöffel Holunderblüten, mit kochendem Wasser übergießen und 10 Minuten ziehen lassen, dann abseihen und mit Honig süßen. Zur Vorbeugung von Erkältungen ist er einfach unschlagbar und schmeckt dazu auch noch köstlich – selbst kritische Leckermäulchen werden das bestätigen.

Rezepte

Holunder-Sirup

Das sind die nötigen Zutaten:

- 3 l Wasser, 2 kg Zucker
- 50 g Zitronensäure
- 5–6 unbehandelte Zitronen
- etwa 30 Holunder-Blütendolden

So wird's was:

Wasser mit Zucker aufkochen und abkühlen lassen. Zitronen in Scheiben schneiden und mit Zitronensäure und den Holunderblüten in das Zuckerwasser geben. Zwei bis drei Tage stehen lassen, abseihen, in saubere Flaschen oder Gläser füllen und kühl lagern. Sirup mit kaltem Wasser oder Mineralwasser verdünnen.

Hollerküchel

Wenn jemand Folgendes hat ...

- 200 g Mehl, 2 Eier – getrennt
- 1/2 l Milch, 2 Teelöffel Öl, 1 Prise Salz
- 10 Holunderblütendolden
- Fett zum Ausbacken, Puderzucker

... kann er damit Hollerküchel zaubern:

Mehl, Salz und Milch zu einem Teig rühren, Eigelb und Öl unterrühren und steif geschlagenen Eischnee unterheben. Blütendolden nicht waschen, nur gut abschütteln (Insekten!), durch den Teig ziehen und im Fett schwimmend ausbacken. Mit Puderzucker bestreuen.

So schmeckt der Sommer

Die Beeren sind reif! Sonnengetränkt und in bunten Farben lachen sie uns aus dem Garten entgegen. Schon der bloße Anblick lässt Kindern und Erwachsenen das Wasser im Munde zusammenlaufen.

Welche Wonne, endlich auch ihren Geschmack wieder auf der Zunge zu spüren: die unvergleichliche Süße der Erdbeeren, das feine Aroma der Himbeeren und die prickelnde Säure der Johannisbeeren. Doch zu einem »beerenstarken« Sommer gehören noch mehr: süße Stachelbeeren zum Beispiel und leckere Brombeeren. Was für ein herrlicher Überfluss!

1 Wer sagt, dass das Schlaraffenland nur im Märchen existiert? Den Sommer über liegt es direkt vor unserer Tür. Denn: Die Beeren sind reif!

2 Wem läuft bei diesem Anblick nicht das Wasser im Munde zusammen?

Nichts kommt den frisch gepflückten, an der Pflanze ausgereiften Früchten gleich. Schon gar nicht das viel zu früh geerntete und tagelang herumtransportierte Obst vom Supermarkt. Die Inhaltsstoffe der Gartenfrüchte sind von höchster Qualität: Vitamine, Mineralstoffe, Fruchtsäuren und Pflanzenfarbstoffe bewirken viel Gutes für das kindliche Immunsystem. Und unvergleichlich fein ist der Geschmack. Deshalb schaffen es viele der frisch gepflückten Beeren gar nicht erst bis in die Küche – sondern wandern gleich so, wie sie sind – vom sonnenwarmen Beet direkt in den Mund. Die verräterischen Saft-Spuren an unseren Kleinen sprechen eine deutliche Sprache.

Beerige Verlockungen

»Königin der Beeren« wird die **Erdbeere** genannt. Das liegt aber nicht daran, dass sie schon von Natur aus ein kleines grünes Krönchen trägt. Die große Beliebtheit ist der Grund dafür – nur Äpfel werden bei uns noch häufiger gegessen. Doch sie schmeckt nicht nur ausgezeichnet, sie ist auch noch sehr gesund! Ihr Vitamingehalt übertrifft locker den von Orange und Zitrone, außerdem ist sie Großmutters Heilmittel gegen Blutarmut, Rheuma und Gicht.

Alljährlich im Juni, wenn die ersten Früchte endlich erröten, beginnt es um sich zu greifen – das Erdbeerfieber. Kaum einer ist immun gegen den Zwang, sich täglich auf allerlei Art mit den süßen Früchtchen vollzustopfen (bis auf jene Armen natürlich, die dagegen allergisch sind). Erdbeereis, Erdbeerkuchen, Erdbeeren mit Schlagsahne – welch ein Genuss! Nur leider einer, der allzu schnell vergeht. Deshalb sollten Kinder und Erwachsene die Gelegenheit beim Schopfe packen und die »Königin der Beerenzeit« mit einem kleinen Fest einmal so richtig feiern.

Fruchtiger Geschmack, kombiniert mit schmeichelnder Süße – sonnengereifte **Himbeeren** zergehen fast auf der Zunge. Leider sind sie aber sehr empfindlich. Kaum hat man die Früchte geerntet, schon fallen sie in sich zusammen. Deshalb muss man sie innerhalb weniger Stunden verbrauchen. Für unsere Kleinen ist das überhaupt kein Problem! Kinderleicht, auch für sie, lassen sich die reifen Beeren vom Triebansatz lösen, und

Ein Fest für die Königin der Beeren

Wenn im Garten die ersten Erdbeeren reifen, ist dies doch wirklich ein Grund zum Feiern! Als Dekoration kommen kleine Körbe und Schalen, gefüllt mit den süßen Früchtchen, auf den Tisch. Niemand hat etwas dagegen, wenn sie im Laufe des Festes einfach aufgegessen werden. Aber natürlich gibt es auch sonst allerhand »beerige« Köstlichkeiten. Damit die kleinen Leckermäulchen möglichst viel von Erdbeerkuchen und Erdbeereis verputzen können, ist zwischendurch ein bisschen Bewegung angesagt. Klar, dass sich bei den Spielen ebenfalls alles um die Beerenkönigin dreht:

Erdbeer-Hindernislauf: Im Garten wird ein Parcours mit unterschiedlichen Hindernissen aufgebaut. Die Kinder müssen – je nachdem – darüber springen, unten durchrobben oder außen herumlaufen. Damit die Sache noch ein bisschen schwieriger wird, bekommen alle Teilnehmer am Start einen Löffel mit einer Erdbeere in die Hand gedrückt. Wer als erster damit am Ziel ist, hat gewonnen.

Die Suche nach dem Beeren-Schatz: Wie wär's mit einer Schnitzeljagd? Am Start liegt für die Kinder ein Zettel bereit, der einen Hinweis – möglichst etwas rätselhaft verschlüsselt – für die nächste gesuchte Anlaufstelle gibt. Dort muss wiederum eine Notiz gefunden werden mit einem heißen Tipp. Und so geht es weiter, bis der Schatz endlich gehoben werden kann.

Erdbeer-Schnappen: Jedes Kind bekommt eine Schüssel mit zehn Erdbeeren, die im Wasser schwimmen. Wer sie wohl als erster alle aufgegessen hat? Mit den Händen herausfischen ist allerdings verboten – die liegen sicherheitshalber auf dem Rücken. Nur mit dem Mund darf zugeschnappt werden!

Jedem glücklichen Gewinner eines Spiels winkt als Preis das **Erdbeer-Männchen**. Ein selbst gebackenes Muffin (Rezept auf Seite 107) bildet den Körper, als Köpfchen dient eine Erdbeere, die mit Zuckerguss aufgeklebt wird – und zwar so, dass das grüne Schöpfchen die Frisur bildet. Auch das lachende Gesicht wird mit flüssigem Zucker aufgepinselt. Nun noch schnell vier Erdbeerscheiben als Arme und Beine auf das Törtchen geklebt – fertig!

1 Das Erdbeerfieber ist ausgebrochen, kaum dass die ersten Früchte reif sind!

ebenso einfach und schnell sind sie in den kleinen Mündern verschwunden. Mit einer Kombination verschiedener Sorten – gelbe Varianten sind übrigens auch dabei – lässt sich die Erntezeit über Monate ausdehnen. So reifen im Juni bereits die ersten Himbeeren heran, die letzen Früchte der Saison liefert noch spät im Herbst die Sorte 'Autumn Bliss'.

Ende Juni ist auch die rechte Zeit für **Johannisbeeren** – dann hängen die Sträucher voll mit glänzend roten, säuerlichen, kugelrunden Früchtchen. Wer Lust darauf hat, muss sich beeilen, denn die Vögel beteiligen sich ebenfalls beim Pflück-Wettbewerb. Und manchmal sind sie – ehe man sich's versieht – dabei die Sieger.

Sauer macht lustig, findet auch die **Heidelbeere**. Deshalb muss man beim Auspflanzen unbedingt auf sauren Boden achten, sonst wird es nichts mit dem Erntesegen. Kalkboden verträgt sie nämlich nicht. Zwar lassen sich die Kulturheidelbeeren geschmacklich nicht mit den wild wachsenden Heidelbeeren aus dem Wald vergleichen – aber die neueren Züchtungen munden trotzdem herrlich.

Auch in die **Brombeeren** und **Stachelbeeren** fallen kleine Naschkatzen mit Vorliebe ein. Vor allem die dornenlosen Sorten sind ein höchst begehrter Gaumenkitzel. Bei all den »beerigen« Verlockungen jedenfalls ist es kein Wunder, dass die Kinder jetzt selten hungrig vom Spielen ins Haus kommen!

Erdbeer-Bowle

Was man haben muss:

- Roter Früchtetee (mit Hagebutten, Hibiscusblüten, Blutorange etc.)
- jeweils $^1/_4$ l Apfel-, Birnen- und Ananassaft
- 1 Schälchen Erdbeeren
- frische Blätter von Pfefferminze und Zitronenmelisse
- Zucker oder Honig nach Geschmack

Und nun ans Werk:

Früchtetee mit 1 l kochendem Wasser aufbrühen, ziehen lassen, bis alles schön rot gefärbt ist, durch ein Sieb gießen und die Säfte zugeben. Erdbeeren waschen, putzen und in kleine Stückchen schneiden. Die frischen Kräuter waschen, **sehr fein** schneiden und zusammen mit den Erdbeeren in die Bowle geben, nach Geschmack süßen und etwas ziehen lassen. Dann in eine schöne Karaffe umfüllen. Prost!

Panna Cotta

So sieht die Zutaten-Liste aus:

- $^1/_2$ l Sahne
- 1 Vanilleschote
- 50 g Zucker
- 2 Blatt Gelatine
- 200 g gemischte Beeren
- Zucker nach Geschmack

Und so geht's weiter:

Gelatineblätter einweichen. Vanilleschote aufschneiden, das Mark herauskratzen und mit Sahne und Zucker in einen Topf geben, sachte erhitzen. 8 Minuten köcheln lassen. Topf von der Herdplatte nehmen, Vanilleschote entfernen, Gelatineblätter dazugeben und alles gut verrühren. Sahne abkühlen lassen, in eine Glasschüssel füllen, 4 Stunden in den Kühlschrank stellen. Die Früchte waschen, zuckern und über der Sahnecreme verteilen.

Beeren-Auflauf

Für 2–3 Portionen braucht man folgende Zutaten:

- 2–3 Eier (je nach Größe), getrennt
- 50 g Zucker
- 150 g Crème fraîche
- 50 g Mehl, 1 Prise Salz
- 300 g gemischte Beeren

Und so zaubert man das leckere Dessert:

Backofen auf 200 °C vorheizen. Beeren waschen und trockentupfen. Eiklar zu steifem Schnee schlagen, Zucker einrieseln lassen. Die Eidotter mit Crème fraîche, Mehl, Salz verrühren. Den Eischnee locker unterheben. Eine Auflaufform ausbuttern, die Teigmasse einfüllen, die Beeren darüberstreuen, leicht zuckern. 40–50 Minuten backen. Mit Puderzucker bestreut servieren.

Lavendelflaschen

Dazu braucht man:

- 20 frische Blütenstängel
- dünne Schnur (Zwirn), Schere
- farblich passendes Satinband

Und so geht's:

Die Blütenstängel werden – Blüte an Blüte – zusammengelegt und mit der Schnur direkt unterhalb der Blüten zusammengebunden, fest, aber nicht zu stramm. Jetzt das Schnurende abschneiden und das Blütenpäckchen mit einer Hand ergreifen. Mit der anderen Hand die Stängel einzeln über die Blüten biegen und zu einem »Fläschchen« formen. Nun noch die Stängel auf halber Höhe mit dem Band zusammenbinden und gleich lang abschneiden – fertig ist das Lavendelfläschchen!.

Duftkissen

Das muss man haben:

- getrocknete Lavendelblüten
- ein Stückchen feinen Stoff, nach Geschmack Spitze zum Verzieren, ein oder zwei hübsche Knöpfe
- evtl. ein wenig Schafwolle
- Zickzackschere, Nähmaschine (mit der Hand geht's auch)

Und so gelingt es:

Längliche Stoffreste zu einem kleinen Täschchen zusammennähen, mit Knopf und Knopfloch versehen. Wer sein Duftkissen fülliger mag, wickelt die Lavendelblüten in etwas weiche Schafwolle ein, man kann den getrockneten Lavendel aber auch gleich direkt einfüllen. Unter das Kopfkissen gelegt, sorgt es für erholsamen Schlaf.

Herz am Stiel

Das sind die nötigen Zutaten:

- frische Lavendelblüten mit 5–7 cm langen Stielen
- dicker, mit Kunststoff ummantelter Draht
- Bindedraht von der Rolle, Zange
- Satinbändchen

Dann geht es ans Basteln:

Am Ende des Drahtes mit der Zange eine Öse zurecht biegen, den Draht zu einem Kreis formen. Nun noch Draht für den Stiel zugeben, abschneiden, durch die Öse ziehen und so herumwickeln, dass der Kreis sich nicht mehr öffnen kann. Dann den Kreis vorsichtig zu einem Herz formen. Von oben nach unten Lavendelblüten dicht an dicht mit Bindedraht an die Herzform heften. Mit dem Satinband ein Schleifchen binden.

1 Kräuterernte: Sorgfältig gebündelt und an einem schattigen, regensicheren Platz getrocknet, halten die Schätze des Sommers viele Monate lang.

2 Solch ein hübsches Geschenk sagt mehr als viele Worte. Man kann das Lavendelherz aber auch selbst behalten und zum Beispiel Zimmerpflanzen damit schmücken.

1

Kräutersegen

Kräuter sind faszinierende Pflanzen: Sie würzen unsere Speisen, heilen alle möglichen Wehwehchen und bezaubern uns mit ihrem Duft und ihrer Schönheit. Egal, ob Blumenrabatte oder Gemüsebeet – sie fügen sich überall im Garten ein und machen Bienen und Schmetterlinge glücklich.

Kleine Gärtner pflanzen sie gern, denn die meisten Kräuter sind robust und wachsen problemlos, so lange sie nur ein sonniges Plätzchen bekommen.

2

Jetzt im Sommer blühen sie gerade um die Wette und zaubern bunte Farbkleckse auf das Kinderbeet und in den übrigen Garten. Ringelblume, Borretsch, Majoran, Königskerze und Kapuzinerkresse sind so schön, dass es fast schwerfällt, sie zu ernten. Dabei könnte man aber doch so viel mit ihnen anfangen: Nach Gurken duftende Borretschblätter würzen klein geschnitten den Salat. Dampfend heißer Kamillentee zum Inhalieren bringt Linderung, wenn kleine Nasen verstopft sind. Frische Blätter der Kapuzinerkresse dienen als kühlende Auflage bei Verletzungen harmloser Art. Lavendelblüten sorgen für erholsamen Schlaf, Pfefferminztee hilft bei Magenverstimmung. Ringelblumen-Salbe heilt kleinere Schnitt- und Brandwunden. Salbei-Blätter – im Mund zerkaut – empfehlen sich bei einer Zahnfleisch-Entzündung. Feine Schnittlauch-Röllchen schmecken auf dem Butterbrot, und die Blätter der Zitronenmelisse, ins Badewasser gestreut, wirken herrlich belebend.

Die Heilkraft der Kräuter

Gern erinnern wir uns heute wieder an Großmutters einfache, aber wirksame Hausmittel, anstatt bei harmlosen Beschwerden gleich mit »schweren Geschützen« aufzufahren. Vor allem auch in der Kindermedizin steht die sanfte Heilkraft der Kräuter wieder hoch im Kurs. Ganz gleich, ob Insektenstich oder Magenverstimmung: Die grüne Apotheke hat rund um die Uhr geöffnet!

Die meisten Kräuter kann man sogar trocknen und sich damit einen feinen **Wintervorrat** anlegen. Gesammelt werden sie dazu an einem sonnigen Vormittag, sobald der Tau verdunstet ist. Ungewaschen, aber dafür gründlich verlesen, hängt man sie danach kopfüber an einem luftigen, warmen und schattigen Plätzchen auf. Sobald sie rascheldürr sind und die Stängel sich leicht brechen lassen, kann man die Blätter abstreifen – und, wenn nötig, auch zerkleinern. Trocken und dunkel in luftdicht verschlossenen Gefäßen aufbewahrt, warten sie dann auf ihren Einsatz in der Küche oder als hilfreiche Medizin bei kleineren Unpässlichkeiten. Wer ein paar getrocknete, duftende Kräutersträuße übrig hat, kann sie auch in der Küche an die Decke hängen. Das sieht richtig gemütlich aus – nur Farbe und Aroma verfliegen mit der Zeit. Getrockneter Lavendel hält den Duft des Sommers besonders lange.

1 Warum in die Ferne schweifen? Ein Picknick gleich am anderen Ende des Gartens gefällt nicht nur den Kindern.

2 Abgehoben: In luftiger Höhe schmeckt es manchem gleich nochmal so gut.

Ein Picknick im Grünen

Was gibt es an einem warmen Sommertag Schöneres, als das Leben nach draußen zu verlegen? Blau machen im Grünen – danach steht Erwachsenen und Kindern der Sinn, wenn die Sonne vom Himmel lacht. Nur schnell eine bunte Decke ins weiche Gras gelegt, und schon spürt man den Sommer hautnah!

Nach einer Weile spielen und toben meldet sich aber garantiert der Hunger – vom Durst gar nicht zu reden. Ganz klar, dass also auch für das leibliche Wohl gesorgt werden muss.

Hoffentlich hat einer der Erwachsenen an einen gut gefüllten Picknick-Korb gedacht! Wenn ja, lagert man bald, wie die alten Römer beim Mahl, um die Picknick-Decke und findet alles einfach herrlich – trotz angriffslustiger Ameisen, lästiger Mückenschwärme und Blattläusen in der Limonade.

Warum das so ist? Na, weil die Atmosphäre im Grünen viel ungezwungener ist als beim Speisen zwischen vier Wänden. Mit den Fingern essen, herumbröseln, zwischendurch nach Heupferdchen Ausschau halten, sich den Mund mit Schokolade verschmieren, ohne dass die Erwachsenen ein Wort darüber verlieren: Für Kinder ist »Picknick« geradezu ein Zauberwort! Aber auch die Großen haben ihren Spaß daran: Beim Schmausen das Blau des Himmels und die Schönheit der Blumen bewundern, dem Summen der Insekten zuhören und dabei ganz entspannt die Seele baumeln lassen, ohne sich wegen der ausgelassen Kinderschar um Teppiche oder Sofabezug sorgen zu müssen. Wo sonst bekommt man das geboten? Außerdem werden beim Essen in freier Natur sämtliche Sinne wohltuend angesprochen und das wirkt wohl wie eine Art »Geschmacksverstärker«.

Picknick – ganz spontan!

Kaum ist schönes Wetter prophezeit, wird kurz entschlossen ein Essen improvisiert, werden Freunde zusammengetrommelt und schon geht es hinaus auf die Sommerwiese, ans Wasser oder zur schattigen Waldlichtung. Doch warum eigentlich unbedingt in die Ferne schweifen? Wer keine Lust hat, weit zu fahren oder einen längeren Anmarsch mit quengelnden Kindern und allem möglichen Ballast auf sich zu nehmen, der kann sich mit seinem Picknick-Korb auch einfach ans andere Ende des Gartens begeben und dort die Flucht vor dem Alltag genießen. So spart man sich eine Menge Ärger wegen überfüllter Straßen, es gibt keine Transport- und Kühlprobleme und die Kinder sind ohnehin froh, wenn sie nicht so weit laufen müssen.

Und was kommt nun auf die Picknick-Decke? Natürlich Speisen, die kalt gut schmecken und sich leicht verpacken und transportieren lassen – etwa selbst gemachte Sandwiches, gekochte Eier, Kartoffelsalat (ohne Mayonaise!), Cocktail-Tomaten und Gurken, kleine Hackfleisch-Bällchen ... Und davon nicht zu wenig, denn: Frische Luft macht hungrig!

Hähnchenkeulen

Dafür braucht man:

- 8 kleine Hähnchenkeulen
- Salz, Pfeffer, 2 Knoblauchzehen, Salbeiblätter, Thymian, 3 kleine Rosmarinzweige
- Saft und geriebene Schale von 1 unbehandelten Zitrone, 1 unbehandelte Zitrone für die Garnitur

Und schon kann's losgehen:

Hähnchenkeulen in eine flache Schale legen. Zitronenschale, Zitronensaft und Pfeffer gut verrühren und über das Fleisch verteilen. Die verschiedenen Kräuter und den fein gehackten Knoblauch dazugeben. Fleisch im Kühlschrank etwas ziehen lassen. Hähnchenkeulen salzen und im vorgeheizten Rohr bei 180 °C etwa 45 Minuten braten. Mit Zitronenscheiben garnieren.

Nudel-Salat

Damit schmeckt es richtig gut:

- 200 g kleine Nudeln
- verschiedene Gemüse: 60 g Karotten, 80 g Zucchini, 100 g rote oder gelbe Paprikaschoten, 50 g Erbsen, 150 g Tomaten
- 100 g Schnittkäse (z. B. Gouda)
- Salz, Pfeffer, Essig, Olivenöl
- frische Kräuter – z. B. Petersilie, Oregano, Basilikum

Und hier die Zubereitung:

Nudeln bissfest kochen, abseihen und abkühlen lassen. Gemüse waschen und in kleine Würfel schneiden. Tomaten kleinwürfelig schneiden. Das Gemüse (außer den Tomaten) dünsten. Käse in Würfel schneiden und mit allen Zutaten gut vermischen. Aus Salz, Pfeffer, Essig, Olivenöl und fein gehackten Kräutern eine Marinade zubereiten und mit dem Gemüse-Nudel-Salat gut vermischen. Ziehen lassen und eventuell nochmals nachwürzen.

Streuselkuchen

Das wird benötigt:

- Backpulver-Rührteig aus 300 g Mehl
- Obst aus dem Garten
- Butter und Mehl für das Blech

für die Streusel:

- 200 g Weizenmehl
- 125 g kalte Butter
- 125 g Zucker, 1 Päckchen Vanillezucker
- 1 Prise Salz, 1 Messerspitze Zimt

Und so klappt es sicher:

Für die Streusel die Zutaten zwischen den Handflächen verkrümeln und anschließend kalt stellen. Den Rührteig herstellen, auf ein gefettetes und bemehltes Blech gleichmäßig aufstreichen und mit dem gewaschenen und vorbereiteten Obst belegen. Mit den Streuseln bestreuen. Kuchen im vorgeheizten Rohr bei 180 °C ca. 25–30 Minuten backen, auskühlen lassen und in gleichmäßige Stücke schneiden.

Herbst

Die Zeit der Reife und bunter Farbenspiele

1

Jetzt feiert die Natur ein rauschendes Fest

Wenn morgens dicke Nebelschwaden die Welt verschleiern, sich unsichtbare Spinnennetze plötzlich in glitzernde Tauperlen-Colliers verwandeln, wenn sich überall aufgeregt zwitschernde Vogelscharen sammeln und eben noch grüne Blätter in feurigen Tönen glühen, dann besteht kein Zweifel: Der Herbst ist da!

Der Herbst liebt es gegensätzlich! Eintöniges Nebelgrau, ungemütlich kalte Regenschauer und heftige Sturmtiefs sorgen dafür, dass sich unternehmungslustige kleine Racker plötzlich in ausdauernde Stubenhocker verwandeln. Lieber im warmen Zimmer ordentlich gelangweilt als draußen eingefroren! Aber das ist zum Glück nur die eine Seite der Medaille – der Herbst kann nämlich auch ganz anders: tiefblauer Himmel und ein eigenartig goldenes Licht, feine erdige Düfte, temperamentvolle Farbenspiele von Blättern und letzten Blüten, der Geschmack safttriefender, reifer Früchte. So viel sinnliches Vergnügen auf einmal – wen zieht es da nicht nach draußen?

Der Sammeltrieb erwacht

Begeistert stapfen wir durch raschelndes Falllaub, freuen uns an letzten Blumen in besonders leuchtenden Farbtönen und halten nach allen möglichen Schätzen auf dem Boden und im Geäst Ausschau. Kaum wird es nämlich Herbst, erwacht in uns die Hamsternatur und wir schwelgen im Reichtum, den Garten, Wald und Feld zu bieten haben. Jetzt bricht sie an, die Zeit der ge-

2

füllten Ernte-Körbe und vollen Jackentaschen!

Es wird gesammelt und geerntet, was das Zeug hält. Nützliches und Nahrhaftes, aber auch viele kleine Kunstwerke der Natur, die einfach nur schön sind – bunte Blätter zum Beispiel, rote glänzende Beeren, die pelzigen Hüllen der Bucheckern. Der Sammeltrieb scheint tief in uns allen zu sitzen und lässt sich durch keinerlei vernünftige Überlegungen außer Kraft setzen. Wer kommt zum Beispiel an einer frisch aus der Hülle geplatzten, im Grase glänzenden Kastanie vorbei – ohne sie aufzuheben? Ein Kind bestimmt nicht, aber auch kaum ein Erwachsener! Und was ist mit all den Hagebutten und Haselnüssen, den Pilzen im Wald und den wilden Beeren in der Hecke? Jetzt reift auch im Garten alles im Überfluss, die Äpfel und Birnen, die Trauben und Quitten. Die Beete quellen über vor Schätzen: Kohlköpfe in Violett und Grün, orangefarbene Kürbisse, rote Tomaten. Es ist, als hätte Mutter Natur ihr ganzes Füllhorn über uns ausgeschüttet.

1 Wenn die Äpfel fallen, sind fleißige kleine Helfer höchst willkommen, um die rotbackigen Schätze für Küche und Keller einzusammeln.

2 Aber nicht alle Äpfel landen in den bereitgestellten Körben.

3 Die lackroten Hagebutten lassen sich kinderleicht auf Draht auffädeln und zu Kränzchen formen.

4 Streifzug durch den Herbst: Richtig spannend, was es jetzt draußen alles zu finden gibt!

Wie schön – der Wintervorrat ist gesichert!

Ein paar späte Pflaumen hier, ein frisch gepflückter Apfel da, Haselnüsse, die die Eichhörnchen übrig gelassen haben, im Herbst sind Kinder beim Hereinkommen selten hungrig. Alles andere jedoch, das nicht sofort verputzt wird, landet in Küche und Keller. Eine neue Art der Geschäftigkeit bricht aus. Es wird eingemacht und eingefroren, in der Speisekammer reihen sich gefüllte Gläser aneinander, der Deckel der Gefriertruhe geht kaum noch zu und im Keller biegen sich die Hürden unter dem Gewicht der eingelagerten Äpfel und Birnen. Wie schön – der Wintervorrat ist gesichert! Jetzt kann man aufatmen und sich den dekorativen Dingen des Lebens zuwenden. Bald schmücken die Schätze des Herbstes in Gestecken, Kränzen und Sträußen das Haus. Kastanien-Männchen, Tiere aus Zapfen, Eicheln und Hagebutten und viele andere Kinderbasteleien zieren Fenster und Fensterbretter. Mit etwas Fantasie entstehen eine Menge kleiner Kunstwerke, in denen die Pracht des Herbstes noch lange erhalten bleibt – zum Beispiel so: Hagebutten, kleine Zapfen, Bucheckern, Eicheln, getrocknete Mohnkapseln und andere kleinteilige Sammelschätze kommen besonders gut zur Geltung, wenn man sie dicht nebeneinander auf Schaumstoff-Kugeln (aus dem Bastelgeschäft) steckt. Wo nötig, muss zuvor angedrahtet werden, auch gekürzte Zahnstocher sorgen – etwa bei Kastanien und Eicheln – für sicheren Halt. Die bunten Bälle, zusammen mit farbenfrohen Herbstblättern und glänzend polierten Äpfeln in einer Tonschale arrangiert, ergeben einen wunderhübschen herbstlichen Tischschmuck.

Wenn die Blätter fallen ...

Einfach herrlich, was einem jetzt beim Spazierengehen so alles zu Füßen liegt! So viele schöne Blätter! Was für ein Vergnügen, durch die raschelnde, bunte Pracht zu schlurfen, sie übermütig hochzuwirbeln oder sie zu dicken Polstern aufzutürmen – um mit Anlauf hineinzuspringen.

Lustig ist es auch, sich gegenseitig damit zu bewerfen und, wie Nachbars Lumpi, auf allen Vieren darin herumzuwühlen – umhüllt von einem eigenartigem Duft nach Wald, modrigem Holz und Pilzen. Selbstverständlich machen so etwas nur die Kinder! Die Großen und Erwachsenen, da bin ich sicher, hätten ebenfalls große Lust dazu, sie trauen sich nur nicht.

Vor kurzem noch hingen die Blätter im Geäst der Bäume und Sträucher – in allen Grünschattierungen, die man sich nur vorstellen kann. Sie schienen uns so selbstverständlich, dass wir sie den ganzen Sommer über kaum wahrgenommen haben. Doch dann, nach den ersten kalten Nächten, begannen die Gehölze ihr aufregendes Verwandlungsspiel mit täglich neuen, unerwarteten Variationen. Das Grün zog sich langsam zurück, und das Laub von Ahorn und Wildem Wein, von Pfaffenhütchen, Kastanie, Felsenbirne und vielen anderen überrascht uns jetzt mit feurigen Tönen – mit warmem Gelb, Orange und glühendem Rot. Dazu kommen noch alle möglichen Braun- und Violett-Schattierungen. Es ist, als hätte der Herbst in seine Farbtöpfe gegriffen und Bäume und Sträucher übermütig bepinselt.

1 Der Blättervorhang bewegt sich schon beim leisesten Lufthauch und zeigt im Sonnenlicht goldenen Glanz.

2 Kartoffelkopf und Blätterkleid: Laubmännchen sind im Nu gebastelt.

Herbst-Konfetti

Doch das strahlende Finale dauert leider nicht lange. Ein leichter Windstoß genügt, schon lösen sich die ersten Blätter und trudeln zu Boden. Schneller geht es, wenn ein Sturm aufkommt – in Nullkommanichts ist das Laub von den Ästen gerissen und wirbelt in wilden Kapriolen als Herbst-Konfetti durch die Lüfte.

Jetzt nach besonders auffällig gefärbten Exemplaren Ausschau zu halten, ist pures Vergnügen: Hier liegt ein noch überwiegend grünes – mit gelb eingefassten Blattrippen, dort ein knallgelbes mit auffällig scharlachrotem Rand. Gleich daneben findet sich ein orange geflammtes, ein anderes ist purpurlila gefärbt und hat rosa »Bäckchen«, das daneben wirkt fast wie braunes Leder.

Die Blätter sind gesammelt ...

... und was macht man nun damit? Na, zum Beispiel könnte man das bunte Herbstlaub an mehreren dünnen Golddrähten auffädeln. Das Ganze wird dann an einen Bambusstab geknotet und aufgehängt. Schon beim leisesten Lufthauch beginnen die Blätter, sich anmutig um sich selbst zu drehen – ist das nicht ein zauberhafter **Herbstvorhang**?

Selbst kleine **Laubmännchen** zum Aufhängen sind schnell gebastelt. Ein Kartoffelkopf bekommt eine bunte Blätterfrisur aufgesteckt, auch der Körper besteht aus Laub und vielleicht noch aus ein paar Federn. Nun noch eine korallenrote Hagebutten-Kette umgehängt – fertig! Wer seine Fantasie ein bisschen spielen lässt, dem fallen bestimmt noch viele weitere Möglichkeiten ein. Schon in einem einzigen, aus sieben »Fingern« bestehenden Kastanienblatt verbirgt sich zum Beispiel ein niedliches **Laubfräulein**: Die beiden kleinsten Blättchen links und rechts vom Stiel bilden – zusammengeklebt – das Köpfchen. Das jeweils nächste Blatt zu beiden Seiten stellt einen Arm dar und muss dazu nur etwas eingerollt werden. Das Händchen wird vorsichtig mit einem Wollfaden abgebunden. Die drei restlichen Blätter umwickelt man ebenfalls mit einem Stückchen Faden – das ergibt die schlanke Taille – der Blätterrest bauscht sich zu einem hübschen Rock. Nun noch aus kleinen Papierschnipseln Augen und Mund aufgeklebt und ein Blätterhütchen aufgesetzt, schon lacht uns die kleine Dame freundlich entgegen.

Oder wie wäre es damit: Mehrere besonders schöne Blätter werden übereinander gelegt – das kleinere immer über das größere – und zu einer spitzen Tüte gedreht, so dass ein Blätterkleid mit mehreren Unterröcken entsteht. Kräftiger Zwirnfaden verhindert, dass sich alles gleich wieder entrollt. Dann wickelt man eine Art Blätter-Zigarre und bindet sie in der Mitte und an beiden Enden ab. Das sind die Arme mit den beiden Händen daran, die man nur noch mit Zwirn an der Spitze des Blättertüten-Kleides befestigen muss. Eine Hagebutte bildet den Kopf, ein Zahnstocher fungiert als Hals und hält gleichzeitig Körper und Köpfchen zusammen.

Aus kleinen und großen, ganz unterschiedlich geformten Herbstblättern entstehen, auf Papier geklebt, übrigens auch wunderschöne **Bilder**. Wie wäre es zum Beispiel mit einem Zaubervogel oder mit einem wilden Hexen-Tanz?

Auch **Windlichter** aus Glas lassen sich mit einer Papier-Hülle, buntem Laub und Hagebutten-Zweiglein herbstlich schmücken. Eine »Bauchbinde« aus Bast hält alles zusammen. Nun sollten wir aber vor lauter Blätter-Seligkeit nicht die anderen Herbst-Schätze vergessen – auf Golddraht aufgefädelte **Hagebutten-Ketten** zum Beispiel. Fein zum Basteln sind auch die orangeroten **Laternchen** der **Lampion-Blume**. Daraus kann man, ebenfalls mit Hilfe von Golddraht, zauberhafte Fensterbilder und sogar ganze Raumteiler auffädeln.

Die Ausbeute eines Herbstausflugs lässt sich auch zu einem ganz besonderen **Wandteppich** verweben: Trockene Samenstände, eine merkwürdige Wurzel, ein beerentragender Zweig, ein paar Vogelfedern, aufgefädelte Schneckenhäuschen und natürlich viele bunte Blätter fügen sich wunderschön zusammen.

1 Aus Fundstücken vom Herbstspaziergang lässt sich ein hübscher Wandteppich weben. Dieser hier besteht aus lauter bunten Blättern.

2 Lampionblumen sind echte Hingucker!

3 Geduldsspiel: Sind sie endlich fertig, geben Hagebutten-Ketten eine wunderschöne Herbstgirlande ab.

Lust auf eine Kürbis-Laterne?

Lust auf eine Kürbis-Laterne?

Witzige Kürbisköpfe: Den Deckel um den Stiel herum mit einem Messer abtrennen. Glatt ist es einfacher – wer will, kann den Rand aber auch zackig schneiden. Eine kleine, eingeritzte Markierung hilft, dass man die Kappe nachher wieder genau passend einsetzen kann. Dann wird das Fruchtfleisch mit einem stabilen, scharfkantigen Löffel vorsichtig ausgeschabt – dabei eine etwa 2 cm dicke Wand stehen lassen. Nun kann man mit wasserfestem Filzstift das Gesicht aufzeichnen und mit einem spitzen Messer ausschneiden.

Der richtige Riecher: Zur Abwechslung könnte man den Kürbis so drehen, dass sein Stiel die Nase im Kürbisgesicht bildet. Durch die Falten, die dort zusammenlaufen, zeigt er individuellen Charakter.

Kürbis-Männchen: Wer gleich drei Kürbisse in unterschiedlichen Größen besitzt, kann neben der Haustüre ein Kürbis-Männchen auftürmen. Die kleinste Kugel bildet den Kopf und erhält – ausgehöhlt – ein fröhliches Gesicht. Wird abends darin eine Kerze entzündet, strahlt das Lächeln gleich noch stärker. Ein besonders herzlicher Empfang für liebe Gäste!

Noch schnell ein paar Tipps: Bricht beim Schnitzen ein Teil der Kürbis-Wand aus, lässt sich das Malheur mit Zahnstochern oder Draht wieder in Ordnung bringen. Damit das kugelrunde Kunstwerk nicht zu schnell eintrocknet und Runzeln bekommt, am besten mit Haarspray besprühen und die Schnittstellen mit Vaseline einreiben! Zeigt sich der Kürbis doch einmal schlapp, kann man ihn eine halbe Stunde ins Wasser legen. Achtung – die Riesenbeere verträgt keinen Frost, sie wird sofort matschig!

Die größte Beere der Welt

Jetzt hat der Kürbis endlich seinen großen Auftritt! In kunterbunter Auswahl findet man die Kugelfrucht überall im Angebot: Spaghettikürbisse mit nudelartigem Innenleben, gelbe Keulen und minzgrüne Riesenkugeln, Fliegende Untertassen und Türkenturbane – die Haut warzig oder glatt, gerippt oder mit Bauchnaht. Bei mehr als 300 verschiedenen Sorten fällt einem die Entscheidung wahrhaftig nicht leicht!

Es hängt natürlich auch ganz davon ab, was man mit der Riesenbeere anfangen will. Die Erwachsenen neigen eher zum Aufessen. Dafür gibt es eine Reihe von Sorten mit besonders aromatischem Fruchtfleisch. Die lassen sich wunderbar backen, braten, frittieren und roh raspeln – der Fantasie sind kaum Grenzen gesetzt. Die Kinder aber haben ganz anderes im Sinn: Sie verwandeln den Kürbis lieber in eine schaurig-schöne Laterne. Damit kein Streit aufkommt, machen wir eben beides: basteln und Suppe kochen! Die kann man nämlich auch aus den etwas fade schmeckenden Dicken zaubern, die gerade das passende Format haben für eine herrlich gruselige Kürbisfratze.

Gute Nacht, böse Geister!

In der Nacht vom 31. Oktober zum 1. November – zu Halloween nämlich – spielen gerade diese orangegelben Riesen-Kürbisse eine bedeutende Rolle. Genauer gesagt: Ohne sie geht es überhaupt nicht!

Der Ursprung dieses Festes liegt in Europa etwa 1500 Jahre zurück. Damals glaubte das Volk der Kelten, dass in dieser Nacht die Geister umgehen, Hexen durch die Lüfte

1 Ganz schön schwer, so ein Kürbis!

2 Ein kleiner Kürbisgeist hat auf dem Stuhl Platz genommen. Das Teelicht im ausgehöhlten Köpfchen lässt sein Lächeln noch heller strahlen.

1

sausen und sich auch sonst allerhand Haarsträubendes tut. Wie du mir, so ich dir, dachten sich wohl die verschreckten Menschen und stellten ausgehöhlte Runkelrüben-Geister mit gruselig leuchtenden Fratzen auf, die den Spuk erschrecken und vertreiben sollten. Irische Auswanderer brachten das keltische Brauchtum schließlich nach Amerika – und lernten dort den Kürbis kennen, der ursprünglich in Mexiko zu Hause war. Bald übernahm nun die Riesenbeere die Rolle des Dämonenschrecks.

Trick or treat!

Heute fürchtet sich an Halloween niemand mehr. Im Gegenteil, das Fest ist für kleine und große Amerikaner ein besonderer Höhepunkt des Jahres. Ein bisschen angenehmes Gruseln gehört natürlich dazu, aber im ganzen überwiegen Spaß und Gelächter. Sobald die Sonne versinkt, entzünden die Kinder in ihren Kürbisköpfen eine Kerze. Dann grinsen lauter hell erleuchtete Gesichter von Fensterbrettern und Mauern herab oder beleuchten die Hauseingänge. Das flackernde Kerzenlicht in ihrem Innern scheint sie beinahe zum Leben zu erwecken.

Kurz darauf sieht man die Kinder, als Hexen und Geister verkleidet, von Haus zu Haus laufen. »Trick or treat«, rufen sie, zu Deutsch »Streiche oder Süßes«. Wer von den Erwachsenen am nächsten Morgen nicht schlappe Fahrradreifen aufpumpen oder auf andere Streiche gefasst sein möchte, der verschenkt lieber ein paar Schleckereien an die übermütige kleine Gesellschaft.

Seit einiger Zeit wird das schaurig-schöne Kürbisfest auch bei uns gerne gefeiert. Und von Jahr zu Jahr sind es mehr Kürbis-Geister, die mit ihren Lichtern die Dunkelheit erhellen. Aber nicht nur die prallen orangegelben Riesenkürbisse (einen typischen Halloween-Kürbis liefert zum Beispiel die Sorte 'Jack O'Lantern') halten gerne Nachtwache vor der Tür, auch die kleinen, bunten, nicht essbaren Zierkürbisse sind bei Kindern sehr beliebt. Ausgehöhlt haben sie genau die richtige Größe für ein Teelicht. Solche Laternchen kann man auf dem Tisch oder dem Fensterbrett platzieren oder sie am Draht in die Bäume hängen. Aus den Kürbiszwergen lassen sich aber auch witzige Fabelwesen zaubern.

kürbissüppchen

Für 8 Personen wird benötigt:

- 1 großer Kürbis
- 4 Knoblauchzehen, 4 kleine Schalotten
- 2 EL Olivenöl
- 1/2 l Wasser, 1 l Milch, 1/2 l Sahne
- Salz, Pfeffer, Muskatnuss

Und so geht's weiter:

Kürbis aushöhlen, das Fruchtfleisch in kleinere Stücke schneiden. Knoblauch und Schalotten fein hacken und im Öl anschwitzen. Den Kürbis dazugeben, andünsten, mit Wasser ablöschen und 10 Minuten unter Rühren köcheln lassen. Milch und Sahne dazugießen und alles mit dem Mixstab pürieren. Zum Schluss abschmecken. Wird der ausgehöhlte Kürbis nicht als Laterne gebraucht, gibt er eine erstklassige Suppenterrine ab.

Herbstzeit – Erntezeit!

Jetzt gibt es die Belohnung für all' die Arbeit und Mühe übers Jahr – für das Pflanzen, Gießen, Unkraut jäten. Mutter Natur schüttet noch einmal kräftig ihr Füllhorn aus und beschert uns Obst und Gemüse in Hülle und Fülle.

Auch Wald und Flur haben um diese Jahreszeit noch viel zu bieten – und begeistert machen wir uns an das Einsammeln der Schätze.

Wer ist »grüner Sieger« im Garten?

Die Sonnenblume am Zaun jedenfalls scheint rekordverdächtig. Und hat man jemals schon so einen dicken Kürbis gesehen? Wenn wir durch den Garten wandern und sehen, wie sich die Äste der Birnbäume unter der Last reifer Früchte biegen, wie die Äpfel in verschwenderischer Fülle vor uns im Gras liegen, wie der Gemüsegarten schier überquillt – dann haben doch auch wir allen Grund, uns dankbar zu zeigen, oder?

Wie wär's deshalb mit einem eigenen kleinen Fest zur Erntedankzeit? Mit Speisen frisch aus dem Garten, fröhlichen Spielen und einer Dekoration, wie sie Beete und Natur draußen hergeben? Wenn die Kinder den Garten durchstöbern und Wald und Flur durchstreifen, werden sie bestimmt eine Vielzahl von Früchten, Blättern und Blüten finden, die sich dafür eignen und die Fülle des Erntesegens widerspiegeln. Mit reicher Ausbeute kehren sie ins Haus zurück: Äpfel und Maiskolben, Zierkürbisse und Weintrauben, Hagebutten, Lampionblumen, die Blüten von Herbstastern und Chrysantheme, buntes Laub von Wildem Wein und Ahorn füllen ihre Körbe.

Basteln mit den Früchten des Herbstes

Schön sieht es aus, wenn die ganze Pracht über die Ränder quillt. Da bekommt man so richtig Lust, all den bunten Erntesegen wie einen Teppich im Gras auszubreiten, um ihn ausgiebig zu bewundern. Nein, nein, nicht einfach nur hinkippen! Wie wäre es mit einem Mandala?

Mandalas stammen ursprünglich aus Indien und werden nach ganz bestimmten Regeln gestaltet. Das Wichtigste dabei ist die runde Form und das sich wiederholende Muster. Am besten wird zuerst eine runde Tischdecke auf dem Gras ausgebreitet. Zum einen tun sich die Kinder damit beim Auslegen leichter, weil die Kreisform schon vorgegeben ist, andererseits rutscht Kleinteiliges – wie etwa Hagebutten und Haselnüsse – nicht einfach zwischen den Grashalmen durch. Stattdessen bleibt alles schön ordentlich auf dem zugedachten Platz liegen.

1 Auch mit einem selbst gelegten Mandala können Kinder das Erntedankfest feierlich begehen.

2 Bunte Sämereien ergeben ein hübsches Bild.

3 Ein eigener Entwurf auf kreisrundem Papier, etwas Kleister und bunte Gewürze – schon kann's losgehen.

2

Womit fängt man am besten an?

Das ist eigentlich ganz einfach: Eine große Blütenscheibe der Sonnenblume könnte den Mittelpunkt des Mandalas bilden. Damit ist der »Grundstein« gelegt und es geht praktischerweise ganz von selbst immer rundherum. Als nächstes folgt vielleicht eine Reihe Äpfel. Die Leerräume dazwischen werden mit lackroten Hagebutten ausgefüllt – natürlich auch im Rund.

Geschälte Maiskolben sind wunderbar geeignet, um den großen Kreis in mehrere einzelne Segmente aufzuteilen. Wir wählen sechs Stück, bei einem noch größeren Kreis könnten es aber auch acht Unterteilungen oder mehr sein. Mit Windlichtern, Äpfeln und Zierkürbissen, grünen und blauen Weintrauben sind sie bald ausgefüllt. Nun noch außen herum im Rund die rot-bunten Blätter des Wilden Weins gelegt. Der Fantasie sind keine Grenzen gesetzt und der herbstliche Garten liefert täglich neue Zutaten.

War das für den Anfang zu kompliziert ...

... und kleinere Geschwister und ihre Freunde wollen auch mitmachen? Es geht auch einfacher! Einsteiger fangen vielleicht erst einmal mit einer großen Sonnenblume an und platzieren zwischen Blütenscheibe und dem umgebenden grünen Blätterkragen eine zarte Kette aus leuchtend roten Hagebutten. Das allein sieht doch schon sehr schön aus! Und nun wird rundum ein Kranz aus roten Äpfeln gelegt. So weit, so gut – aber irgendwie fehlt noch etwas! Richtig – ein hübscher Kragen aus knallgelben Ahornblättern zum Beispiel! Und im Nu ist das Kunstwerk fertig. Hat man es schließlich lange genug bewundert, lässt es sich irgendwann einfach aufessen – zum Teil jedenfalls.

Mandalas aus getrockneten, bunten Sämereien sind viel haltbarer als ihre vergänglichen Geschwister, werden sie doch auf Papier aufgeklebt. Am besten zeichnen sich die Kinder ein Muster mit Bleistift vor und bekleben dann ein Feld nach dem anderen. Dazu pinselt man es mit Klebstoff ein und streut vorsichtig die Samen darauf aus. Hier die Maiskörner, dort Linsen oder Erbsen, dann Roten und Schwarzen Pfeffer, feinen Mohnsamen und alles mögliche mehr, was sich in Mutters Gewürzschrank und im Garten so findet.

Auch ein **Mandala aus bunten Herbstblüten** zu kleben, macht Spaß: Gelbe und orangefarbene Ringelblumen, Herbstastern in Himmelblau, Lila, Rot und Weiß, kunterbunte Dahlien und Chrysanthemen steuern ihre Blütenblätter bei, die vorsichtig mit den Fingern abgezupft werden. Frisch Gepflücktes leuchtet zunächst in wunderbar kräftigen Tönen, verblasst dann aber mit der Zeit. Getrocknete Blütenblätter – wie man sie für Potpourris verwendet – behalten lange ihre Farbe. Verwendet man anstatt weißem Papier Transparentpapier und klebt einen Rahmen aus Tonpapier um das Mandala, ergibt dies ein wunderschönes Fensterbild zum Aufhängen. So kann man sich auch im Winter noch über die bunten Blüten aus dem Garten freuen.

3

Spiel mit dem Wind

Zitterpappeln scheinen ein ganz besonderes Verhältnis zum Wind zu haben. Kaum erfasst sie sein Atem, beginnen sie erwartungsvoll zu rauschen und aufgeregt mit unzähligen Blätterhänden zu winken.

Aber da ist ja noch so viel mehr, um den Spieltrieb des Windes zu wecken. Bunte Windräder zum Beispiel, aber auch allerlei **Blumen, Fische und andere lustige »Viechereien« am Stab** sorgen für einigen Wirbel im Garten – selbst wenn sich nur ein laues Lüftchen regt. Sie sind aus wetterbeständigem Nylon oder Polyester gefertigt und halten eine ganze Menge aus. Genau wie die **Windsäcke**. Sie blähen sich ebenfalls schon beim leichtesten Luftzug und nehmen bei größeren Windstärken richtig üppige Formen an. Niedlich ist auch ein kleines Hexchen als Wetterfahne. Wo der Blocksberg liegt, scheint es nicht recht zu wissen. Und so fliegt es, ganz wie der Wind es ihm eingibt, mal nach Süden, mal nach Norden. In **Spiralen** hängen »Luft-Schlangen«, Drachen und Kasperles vom Balkon oder von einem Ast herunter. Schon ein zarter Hauch weckt sie auf und gleich beginnen sie sich lustig zu kringeln. Frischt die Brise auf, scheinen sie sich ständig neue Freudentänze auszudenken.

Der Wind betätigt sich aber nicht nur gern als Ballettmeister – er ist auch ein ausgezeichneter Komponist. **Windspiele mit Klangstäben** aus Bambus oder Metall dienen ihm dabei als Instrumente. Ein leichter Luftzug und schon – Tusch! – kann das Freiluft-Konzert beginnen. Solch musikalische Windspiele gibt es in allen Preisklassen zu kaufen. Aber auch selbst gebastelte Exemplare mit durchbohrten und aufgefädelten Muscheln klimpern eine lustige Melodie in der steifen Brise.

Nach der uralten chinesischen Lehre Feng Shui sorgt der tönende Gartenschmuck für Harmonie und Freude. Und in Nepal ist man sogar davon überzeugt, dass Klangspiele böse Geister verscheuchen. Doch wie auch immer – wer Musik mag, wird von den Liedern des Windes begeistert sein.

Rezepte

Einfach tierisch!

Das wird dazu gebraucht:

- Metallfolie, bunte Kuststofffolie
- Kugelschreiber
- Holzperlen, eine (Flaum-)Feder, eine Schelle
- dünne Kunststoffschnur

Und so wird gebastelt:

Die Umrisse (Vogel, Frosch oder ...) werden einfach mit Kugelschreiber auf Metallfolie, die auf einem weichen Untergrund liegt, eingedrückt und die Form dann ausgeschnitten. Folienstücke, Perlen und zum Schluss ein Glöckchen aufgefädelt – fertig ist der Windfänger!

Zartes Windspiel

Das sind die Zutaten:

- ein Rest Vorhangstore – rechteckig
- Holzperlen – mit größerem Loch, Federn
- 1 Stück Draht, dünne Schnur zum Aufhängen

Und jetzt geht's los:

Das zarte Gewebe an den Rändern absteppen, dabei an einer der beiden Längsseiten soviel zugeben, dass man ein Stück Draht einschieben und zum Kreis biegen kann. Den Stoff von unten in regelmäßigen Abständen einschneiden, mit Perlen verzieren. Den Schluss bildet jeweils eine schöne, flaumige Feder.

1 Die Fallobst-Bande: Ein paar Äpfel, buntes Laub, Federn, Beeren und Zahnstocher – mehr braucht man nicht dazu.

Fallobstbastelei

Aus ein paar lädierten, unreifen oder auch wurmstichigen Äpfeln, die selbst für Mus nicht mehr so recht taugen, lässt sich eine »Fallobst-Bande« basteln. Hat jemand Lust?

Alles, was man noch dazu braucht, ist schnell bei der Hand: Blätter, Blüten, Federn, Gräser, Beeren, Eicheln und ein paar Zweiglein. Dann kann's auch schon losgehen: Mit Hilfe von Zahnstochern werden einfach zwei Äpfel zusammengesteckt – unten der Rumpf, oben der Kopf. Und dann kommt das Gesicht an die Reihe: Zwei winzige Steinchen, Glasperlen oder Samen bilden die Augen, eine knallrote Beere oder eine Buchecker stellt die Nase dar. Den Mund kann man einfach mit einem Messer hineinschnitzen oder es findet sich etwas Rotes, das man dafür verwenden könnte. Und wie soll der Kopfputz aussehen? Ist vielleicht **ein Indianer** dabei? Dann bekommt er ein Haarband übergestülpt. Es besteht aus einem größeren Blatt, in das man ein Loch gestanzt hat. Schnell noch ein Federchen befestigt – fertig! Ein anderer dieser »schrägen Vögel« steckt sich vielleicht lieber ein paar Zweiglein aufs Haupt und findet sich damit besonders verwegen.

Hat sich ein **Mäuschen** zur Bande gesellt, erkennt man es sogleich an den großen Ohren aus Eicheln und an den Schnurrhaaren aus Gras, die über der kugelrunden Beerennase hängen. Das **Männchen vom anderen Stern** steht fest auf seinen drei Apfel-Beinen, hat darüber einen Apfel als Körper und einen weiteren zum Kopf, der mit zwei Fühlern (Blattstiele) ausgestattet ist. Sollen wir es noch mit einem Blättermantel umhüllen, damit es hier auf der Erde nicht friert?

Die Kastanien-Familie

Aber auch ein paar im Gras gefundene Kastanien regen sogleich die Fantasie an. Was kann man nicht alles daraus basteln! Zum Beispiel eine Kastanien-Familie. Hagebutten, Knete, Blätter, Blüten, Eicheln, Bucheckern und vielleicht etwas Klebstoff sind als Bastel-Zubehör höchst willkommen. Auch Zahnstocher sind wichtig – um einzelne Teile zusammenzustecken und natürlich, um damit Arme und Beine zu gestalten.

Was? Vater, Mutter, Kinder und Bello haben vor, den Zoo zu besuchen? Na, dann kommt noch allerhand Arbeit auf uns zu. Denn die Tierwelt dort besteht natürlich auch aus Kastanien.

Apfel, Nuss und gute Ideen

Zauberapfel: Wenn man einen Apfel teilen will, schneidet man ihn normalerweise der Länge nach mit einem Messer durch. Das ist einfach – aber auch langweilig! Wer jedoch statt dessen in der Apfelmitte ein Zickzackmuster einschneidet (einmal ganz rundherum und bis tief in das Kerngehäuse hinein) – und zwar diesmal nicht längs sondern quer, sozusagen am »Apfel-Äquator« entlang – erhält ebenfalls zwei Apfelhälften. Und erlebt eine Überraschung! Wer bekommt den Apfel nachher wieder richtig zusammen?

Eine feine Leckerei: 4 Äpfel waschen und mit der Schale grob raspeln. Damit sie sich nicht braun verfärben, schnell Zitronensaft darüber träufeln. Und nun $^1/_4$ l süße Sahne steif schlagen, 1 EL flüssigen Honig und $^1/_2$ Päckchen Vanillezucker zugeben. Mit einer Gabel alles unter die geriebenen Äpfel ziehen und – als krönenden Abschluss – mit gehackten Walnüssen bestreuen.

Überraschungsnüsse: Möchte jemand vielleicht einen Gutschein verschenken – etwa für einen Tag im Zoo? Dann kann man das Zettelchen wunderbar zwischen zwei Nusshälften verstecken. Die klebt man anschließend zusammen und wickelt ein winziges Bändchen darum. Nun noch ein Schleifchen binden – fertig ist die putzige Schatzkiste.

Nussschiffchen: Eine Nussschale gibt ein erstklassiges Boot ab. Das Segel besteht aus Papier, und den Mast bildet ein Zahnstocher. Etwas Knete sorgt dafür, dass er den richtigen Halt im Schiffchen findet. Sobald die Lilliput-Besatzung an Bord gegangen ist, findet der Stapellauf statt: in einer Pfütze, einem Bächlein oder in einer Schüssel mit Wasser.

Winter

Der Garten schläft? Von wegen! Lustiges Schneetreiben ist angesagt ...

1 Schöner Schein: Brennende Teelichter bringen die Schneelaternen zum Leuchten.

Leise rieselt der Schnee ...

Abends wird es jetzt schon früh dunkel, morgens lange nicht hell. Auf Pfützen und Wassertonnen bildet sich über Nacht eine dünne Eisschicht, die Luft ist schneidend kalt und manchmal lässt sich der Schnee darin schon riechen. Kein Wunder, denn der Winter ist da!

Mit einem Schlag löscht Väterchen Frost das Lebenslicht der Sommerblumen aus und schickt die meisten ausdauernden Gartengewächse in einen langen Winterschlaf. Über der Erde gibt es nicht mehr viele Lebenszeichen. Nur ein paar immergrüne Pflanzen stehen noch fröstelnd herum. Die Kinder finden den Garten jetzt ziemlich öde und steif gefrorene Finger und klamme Füße tragen auch nicht gerade zu einer Besserung der Laune bei. Doch dann ist alles plötzlich ganz anders. Gleich beim Aufwachen klingen die sonst so vertrauten Geräusche draußen seltsam gedämpft, dazwischen ertönt ein sonderbares Schrappen. Schnell einen Blick aus dem Fenster geworfen und schon ist alles klar: Der Nachbar ist mit der Schneeschaufel unterwegs. Denn – juhu! – weiße Flocken rieseln vom Himmel und gesellen sich zu jenen, die bereits Straßen und Hausdächer in eine weiße Decke hüllen. Über Nacht hat sich der Garten in eine kristallfunkelnde Zauberwelt verwandelt. Jetzt gibt es für die Kinder kein Halten mehr. War Frau Holle noch ein bisschen sparsam beim Ausschütteln ihrer Betten? Macht nichts! Auch mit weniger Schnee, der immerhin schön klebt, lässt sich viel anfangen. Man kann zum Beispiel Geschwister und Freunde wunderbar damit »einseifen« und im Nu ist die schönste Schneeballschlacht im Gange. Doch irgendwann haben sich alle ausgetobt und sinnen mit Erfolg auf Neues. Pappschnee ist nämlich bestens geeignet, um künstlerische Adern zum Pulsieren zu bringen.

»Basteln« mit Schnee

Die ganz Kleinen versuchen es vielleicht mit einer Schneestadt. Dazu brauchen sie Eimer und Förmchen aus dem Sandkasten, ein paar leere Joghurtbecher – und natürlich frischen Schnee. Dieser wird in die Behälter gepresst und im Garten auf ein Mäuerchen oder den Treppenabsatz gestülpt.

So nimmt – Portion für Portion – eine ganze Stadt vor unseren Augen Gestalt an: mit hohen Türmen und einer Burg, mit kleinen Häuschen und einer dicken Stadtmauer. Zum Schluss krönen die kleinen Baumeister sie noch mit bunten Papier-Fähnchen.

Wenn es dunkel wird, tauchen **Schneelaternen** die weiße Welt in ihr geheimnisvoll flackerndes Licht. Sie sind leicht gemacht – am schnellsten geht diese Variante: Mit einer Schaufel wird Schnee zu einem kleinen Hügel getürmt und dann mit den Händen eine Höhlung hineingegraben. Wenn man die Schneewände noch ein wenig formt und festklopft, passt die Öffnung genau für ein brennendes Teelicht, das nun stundenlang seinen zauberhaften Schein verbreitet.

Wer Lust hat, kann seine Winterlaterne auch aus lauter Schneebällen aufbauen. Die werden so übereinander getürmt, dass sie eine kleine Pyramide oder ein Iglu bilden. Doch nicht vergessen, bevor man das Werk mit den letzten Schneebällen schließt, wird noch schnell ein Teelicht ins Innere gestellt und angezündet.

Für richtig große Schneemänner aus drei dicken übereinander getürmten Kugeln braucht man eine ganze Menge von der weißen Pracht. Liegt dafür zu wenig herum, könnte man es mit ein paar **Schnee-Wichten** versuchen. Das sind lustige kleine Wesen, die am liebsten – manchmal sogar mit baumelnden Schneebeinen – auf Mauern herumsitzen. Damit hat man sie gleich richtig im Blickfeld. Eine verwegene Kopfbedeckung aus Blättern und trockenen Pflanzenresten, dazu ihr verschmitztes Grinsen – man muss sie einfach gern haben!

Liegt die kalte Pracht in Massen herum, dann ist es Zeit für eine **eigenes Heim**. Dort, wo es stehen soll, wird mit einer Schneeschaufel zuerst der weiß funkelnde Boden weggeschippt – damit man sich nachher beim Sitzen keine kalten Füße holt – und gleich rundum zu Wänden aufgetürmt und festgeklopft. Was jetzt an Schnee noch fehlt, schaffen die Kinder aus der Umgebung heran. Ein Fenster gefällig? Dann muss man rechtzeitig daran denken und an den Eingang sowieso. Die Inneneinrichtung – Holz oder Teppichreste für den Boden, stabile Obstkisten zum Sitzen – sollte in diesem Stadium bereits eingeräumt werden. Ist nämlich erst das Dach aus dicken (Schalungs-)Brettern mit einer darüber aufgetürmten Schneehaube fertig, geht es viel enger her. Aber dafür ist es dann auch sooo gemütlich!

Oder wie wäre es mit einem **Schnee-Tunnel**? So lange der Boden noch nicht fest gefroren ist, lässt sich aus starken Haselnuss- oder Weidenruten problemlos ein Gerüst aufbauen und im weichen Untergrund verankern. Damit es richtig stabil ist und die Schneelast auch trägt, werden nach Korbflechter-Art waagerecht Zweige hineinverwoben. Dann braucht man das Ganze nur noch mit nassem, klebrigem Schnee zu »verputzen«. Jetzt fehlen höchstens noch ein paar kalte Frostnächte, damit die weiße Wunderwelt möglichst lange erhalten bleibt.

1 Drei lustige Schnee-Wichte haben auf einem Mäuerchen Platz genommen und lassen die Beine baumeln.

1

1 Ein Stückchen Seil, etwas Hasengitter, Moos und angedrahtete Früchte des Herbstes – schon ist das Festmahl für die Vögel bereitet.

2 Das Gartenrestaurant für unsere gefiederten Freunde ist eröffnet.

3 Hilfe in Eis und Schnee: selbst gemachte »Weihnachtsplätzchen« für hungrige Piepmätze.

Ein Fest für die Vögel

An klirrend kalten Wintertagen sehen wir lauter kleine Federknäuel kugelrund aufgeplustert im kahlen Geäst sitzen. Doch der »pummelige« Schein trügt: Es ist nur eine isolierende Schicht aus Federn und Luft, die die kleinen Körper so wohlgenährt aussehen lässt. In Wirklichkeit haben es die Piepmätze jetzt – bei strengem Frost und geschlossener Schneedecke – sehr schwer, genügend Nahrung zu finden. Zeigt das Thermometer auf fünf Grad unter Null, hält so ein kleiner Vogel ohne Futter gerade mal einen einzigen Tag durch.

Das richtige Menü für die bunte Vogelschar

Bevor wir das Futter für die hungrigen Vögel zusammenstellen, müssen wir uns als gute Gastgeber informieren, welche Vorlieben sie haben. Ein Blick auf die **Schnäbel** hilft da schon weiter. Sind sie kräftig und dick, wie bei Kernbeisser, Grünling, Spatz und Dompfaff, picken sie bevorzugt Sonnenblumenkerne, Hanf und andere Sämereien auf. Doch nicht alle Federbälle sind mit Körnern satt zu kriegen. Rotkehlchen, Zaunkönig, Meise, Kleiber, Amsel, Drossel und Specht gehören zur Gruppe der Weichfresser. Sie sind im Winter für getrocknete Beeren, Haferflocken, Rosinen und für ein Fett-Kleie-Gemisch nach Art der Meisenknödel dankbar. Amseln und Drosseln kann man auch mit einem Apfel beglücken, den sie, sobald er vom Frost mürbe ist, in Nullkommanichts begeistert zerhacken. Über zerstoßene Erdnüsse fallen fast alle Vögel gerne her.

Um möglichst viele unserer gefiederten Freunde ins Gartenrestaurant zu locken, sollten wir deshalb abwechslungsreiche Kost anbieten. Und damit der Massenandrang an einem Platz nicht zu groß wird, ist es besser, die Gaben gleich an mehreren Stellen zu verteilen. Das bringt scheuen Vögeln weniger Stress und »Streithammel« wie Amseln und Grünlinge – die ein Futterhaus so lange besetzen und die anderen verjagen, bis sie satt sind – verursachen keine »Warteschlangen«. Außerdem ist dadurch auch die Ansteckungsgefahr mit Krankheiten nicht so groß.

Viele Weichfresser nehmen ihre Nahrung am liebsten an einer Bodenfutterstelle ein. Also streuen wir Zaunkönig, Heckenbraunelle und Rotkehlchen ihre Ration einfach an einer geschützten Stelle aus. Am besten unter einem Dachvorsprung – damit sie vor Regen und Schnee geschützt ist. Körnerfutter wird in Form von frei hängenden Meisenknödeln und -ringen an den Vogel gebracht oder in einem Futterhäuschen serviert. Eine besonders empfehlenswerte, hygienische Variante ist das Silofutterhaus. Hier rutscht das Futter immer wieder frisch nach und kann von den kleinen »Dreckspatzen« nicht verschmutzt werden. Wer die muntere Vogelschar am liebsten schon vom Frühstückstisch aus beobachtet, der befestigt einen Fensterfütterer mit Saugnäpfen direkt an der Scheibe.

2

3

Die richtige Bewirtung

Beim Füttern der Vögel ist einiges zu beachten – damit es ihnen nützt und nicht schadet: **Sauberkeit** ist oberstes Gebot! Das beugt der tödlichen Vogel-Salmonellose vor, die durch den Kot kranker Tiere übertragen wird. Deshalb müssen Futterstellen regelmäßig gereinigt werden (Handschuhe anziehen!) – am besten vor jeder neuen Futterration. Darum auch nur bei **Dauerfrost** oder geschlossener Schneedecke füttern! So lange das schlechte Wetter anhält, muss dann aber weitergefüttert werden – die Vögel verlassen sich darauf. Damit sich **Katzen** nicht unbemerkt anschleichen können, müssen sich Futterplätze an übersichtlichen Stellen befinden und so angelegt sein, dass nach allen Seiten Fluchtmöglichkeit besteht. Keine **Küchenabfälle** und Brotkrümel füttern! Schon geringe Mengen an Salz können für Vögel tödlich sein.

Es weihnachtet …

Wie wäre es mit einem **Weihnachtsbaum** für die hungrige Vogelschar? Sämtlicher Schmuck lässt kleine Vogelherzen höher schlagen und verwandelt Fichte, Tanne oder Kiefer in eine Art Schlemmerparadies: In den Zweigen hängen gekaufte Meisenknödel und -ringe oder selbstgemachte »Weihnachtsplätzchen« (siehe Rezept). Außerdem verteilen die Kinder bunte Zieräpfelchen, halbierte Walnüsse und Drahtherzen, an die Hagebutten und alle möglichen getrocknete »Vogel-Beeren« gebunden sind, im Geäst. Auch mit Sonnenblumen-Blüten und kleinen Haferkränzen könnte man das Astwerk schmücken und um den Baum herum liegen Äpfel verstreut – sehr zur Freude hungriger Amseln und Drosseln.

Auch ein eigener **Advents-Kranz** mit allerlei verführerischen Köstlichkeiten könnte die hungrigen Piepmätze begeistern. Die Grundlage bildet ein Stroh- oder Mooskranz, der üppig mit Hagebutten-Zweigen dekoriert ist. Dort, wo sonst üblicherweise die Kerzen stecken, sind diesmal mit Draht vier Tontöpfchen befestigt – bis an den Rand mit einer leckeren Körnermischung gefüllt.

Meisengebäck

Rezept

Hierfür wird benötigt:

- Vogelfutter (Haferflocken, Sonnenblumenkerne, Nüsse …)
- Rindertalg (vom Metzger), 1 EL Sonnenblumenöl
- Ausstechförmchen für Plätzchen
- Alufolie, Küchengarn

Und schon geht's los:

Den Rindertalg klein schneiden und in einem Topf langsam erwärmen, bis er flüssig ist (nicht kochen!). Das Salatöl zugeben – damit die Masse auch bei Frost weich bleibt. Während die Flüssigkeit ein wenig abkühlt, die Förmchen vorbereiten: Um jede Ausstechform zum Aufhängen ein Stückchen Garn zu einer Schlaufe binden. Dann – als Boden – unter der Plätzchenform etwas Alufolie ausbreiten und am Rand fest andrücken. Jetzt die Förmchen auf ein Tablett legen und mit Hilfe eines Suppenlöffels zu einem Drittel mit dem geschmolzenen Fett füllen. Das Vogelfutter zugeben und mit Talg betröpfeln, bis die Körner bedeckt sind. Nach dem Aushärten im Kühlschrank oder im Freien die Alufolie entfernen.

Advent, Advent

Wie riecht der Winter? Nach Weihnachten natürlich – nach Zimtsternen und Lebkuchen, nach heißem Kakao und Kerzenduft.

Alle Kinder fiebern dem Heiligen Abend entgegen und es gibt wohl keine Zeit im Jahr, die sich für sie so endlos dehnt wie die Tage vor Weihnachten.

Doch zum Glück trägt wenigstens der **Adventskalender** dazu bei, die Warterei zu versüßen. Den gibt es zwar überall fertig zu kaufen, aber viel lustiger ist es, ihn selbst zu basteln. In jedem Haushalt mit Kindern gibt es sie: Die Socken, die – ganz bestimmt! – paarweise in die Waschmaschine wandern und nur als Einzelstück wieder auftauchen. Aber auch Handschuhe und Fäustlinge gehen verloren, und sind sie tatsächlich noch im Doppel vorhanden, passen sie im Nu nicht mehr. Alle diese Sammelstücke werden jetzt mit Hilfe von Wäscheklammern hintereinander an einer Schnur aufgereiht. Ein wenig Tannengrün dazwischen verleiht dem Ganzen stimmungsvollen Glanz. Selbstklebende Zahlen (aus dem Schreibwarengeschäft) von 1 bis 24 geben die Reihenfolge bekannt, nach der die wolligen Hüllen geplündert werden dürfen.

Pappmaché-Engel

Das wird gebraucht:

- Tapetenkleister, ein Stapel Zeitungen
- Hasendraht, 2 Papprollen
- Farben, Klarlack, Gummihandschuhe
- Wolle für die Haare (oder Lametta), Kleber
- 2 Kerzen nebst Haltern zum Anklammern

Und so wird's gemacht:

Aus biegsamen Hasendraht den Engelskörper formen und mit dem restlichen Maschendraht ausstopfen. Die Arme erhalten durch Papprollen zusätzlich Stabilität. Weiter geht es wie beim Einhorn auf Seite 105. Zum Schluss das Engelshaar ankleben und die Klemmhalter mit den Kerzen befestigen, die Dochte anzünden – und schon strahlt der Engel.

Winterwichtel

Wer folgendes besorgt ...

- Birkenhölzer, Holzperlen, Kleber
- weiße und schwarze Farbe, dünner Pinsel
- Webpelz- und Filzreste, Wolle

... kann die schönsten Wichtel daraus zaubern:

Das Holz muss unten, wegen der Standfestigkeit, gerade – und oben, für den Kopf, schräg angeschnitten sein. Und weiter: Augen ins Gesicht malen, Holzperlen-Nase ankleben, Haare und Bart aus Webpelz zurechtschneiden und aufkleben. Zum Schluss noch eine Mütze stricken oder aus einem Filzrest anfertigen.

So wird es festlich vor der Tür

Wie wäre es denn, wenn die Kinder jetzt noch Garten und Hauseingang in weihnachtlichem Glanz erstrahlen ließen? **Kerzenhalter aus Äpfeln** zum Beispiel sind kinderleicht gemacht: Einfach mit dem Apfelausstecher das Kerngehäuse entfernen, eine Kerze hineinstecken – fertig!

Auch ein **Lichterbäumchen** verlangt wenig Mühen: Kleine Gläser mit Schraubverschluss (zum Beispiel Babynahrungs-Gläschen) werden mit gelber oder roter Glasfarbe (aus dem Bastelgeschäft) bemalt. Nach dem Trocknen kann man festen Golddraht um das Gewinde wickeln und einen Bügel formen. Aufgehängt werden die Glas-Laternchen an einem gut verzweigten Ast, etwa von der Haselnuss, der anschließend einen Platz im Blumenbeet bekommt. Besonders romantisch wirkt der kleine Lichterbaum gleich neben der Haustür. Vielleicht steht da schon ein Buchsbäumchen – hübsch dekoriert mit glitzernden Glaskugeln und goldenen Sternen – im frostfesten Topf oder im geflochtenen Korb. Dann brauchen wir den Ast nur noch dazuzustecken und die Windlichter anzuzünden.

Winter ade!

Februar – und noch immer fallen Schneeflocken vom Himmel und auch mit den Frostnächten ist es nicht vorbei. Und doch: Draußen im Garten bieten schon erste »Eisblümchen« dem Winter mutig Paroli.

Die Kinder haben das Bibbern in der Kälte gründlich satt und sehnen sich nach dem Frühling. Ach, könnte man dem Verschwinden des Winters doch nachhelfen! Wollen wir's einfach mal versuchen? Sollen wir nach uraltem Brauch den Winter vertreiben? Dann also los! Der **Faschingsdienstag** ist der richtige Zeitpunkt dafür. Die Kinder kommen bereits verkleidet zum Fest oder ziehen sich an Ort und Stelle um, nachdem sie die Faschingskiste geplündert haben. Cowboys und Indianer sind zum Winter austreiben allerdings nicht so gut geeignet. Besser können das Hexen, vielleicht haben die Kinder auch Lust, fantasievoll bemalte Masken aus Pappkartons zu basteln, die sie sich dann einfach über den Kopf stülpen. Je furchterregender das Ganze aussieht, umso besser! Schließlich wollen wir ja den Winter zum Ausreissen bewegen.

Lichterschwemme

Wer einen – eisfreien! – Bach in der Nähe weiß, kann das Winteraustreiben auch mit einem schönen alten Lichtmess-Brauch (2. Februar) verbinden: Die Prozession der Kinder zieht dann – mit dem Winter voran – direkt zum Wasserlauf. Dort lassen die Kleinen in der Dämmerung Rindenschiffchen schwimmen, auf denen – mit einem Tropfen heißem Wachs – brennende Kerzen befestigt sind. Auch so kann man symbolisch das Ende der dunklen, kalten Wintertage besiegeln und dem Frühling den Weg leuchten. Die Kinder haben garantiert viel Spaß dabei zu sehen, wie die Lichter vom Wasser davongetragen werden und in der Dunkelheit verschwinden.

1 Kleine Rindenschiffchen nehmen den Winter mit – der Frühling kann kommen!

Dafür soll auch Lärm bestens geeignet sein. Das dürfte unserem Nachwuchs sicher keine Schwierigkeiten bereiten! Gehörigen Krach machen kann man zum Beispiel mit Kinder-Trompeten, Trommeln, Pfeifen, Holz-Ratschen, Knackfröschen und Triangeln. Auch zwei Topfdeckel zum Aufeinanderschlagen produzieren beachtlichen Lärm.

Was jetzt noch fehlt, ist der Winter in Form einer selbstgebastelten **Strohpuppe**. Auf einen Stab gesteckt, kann man ihn besser tragen. Auch ein »Faselzweig« – ein uraltes Fruchtbarkeitssymbol – wird noch dringend benötigt. Bestens geeignet ist ein frischer Trieb vom Holunder oder der Haselnuss. Wird ein Kind damit berührt, bleibt es, nach altem Glauben, das ganze Jahr über gesund. Bei Einbruch der Dunkelheit ist es aber für die Kinder Zeit, sich zum Umzug zu formieren.

Vorne weg wird der Winter getragen, ihm folgt ein Kind mit dem Faselzweig in den Händen, danach kommen die kleinen Krachmacher.

Ziel ist der Grillplatz oder eine andere, für ein Freudenfeuer geeignete Stelle im Garten. Jetzt wird das Holz aufgeschichtet, angezündet und die Strohpuppe unter viel Getöse verbrannt. Dabei rufen die Kinder:

»Brenne, brenne Winter!
Freuen sich die Kinder.
Bist ein Aschenhaufen nur!
Nun erwache Feld und Flur!«

Danach wird jeder Prozessionsteilnehmer feierlich mit der »Faselrute« berührt. Nun steht einem ausgelassenen Fest nichts mehr im Wege. Der Winter ist – für diesmal wenigstens – verjagt, der Frühling steht schon vor der Tür. Und wir haben wieder ein herrliches Jahr vor uns – mit allem was der Garten zu bieten hat: bunten Blumen und saftigem Obst, Elfenfest und Wasser-Party, weichem Gras und …

Bezugsquellen

Spielend die Welt entdecken, Seite 24–29:
Buchtipp: Die erwähnten Zitate stammen aus dem Buch von Gisela Schmeer: Das sinnliche Kind, Klett-Cotta, Stuttgart, ISBN 3-608-91201-0

Bezugsquellen für Windspiele und Klangspiele siehe unter »Spiel mit dem Wind«, Seite 130

Trautes Heim, Seite 34–41:
Spielhäuschen mit Fachwerk und Reetdach, verschiedene Holzhäuschen: Die Gartengalerie

Stelzenhaus, Häuschen auf Rädern, Holzspielhaus: JAKO-O GmbH

Barockes Bürgerhäuschen, Hexenhäuschen, Märchenschloss: Markus Holzbau

Lustige, kunterbunte Spielhäuschen: Hortechnica AG

Das hübsche Baumhaus von Seite 40 oben rechts stammt aus der Hand von Schreinermeister Rupert Voß.

Weidenruten fürs Weiden-Iglu: Bei Pflegearbeiten an Wasserläufen und Straßenrändern fallen gelegentlich geeignete Weidenruten an. Fragen Sie deshalb beim nächsten Straßenbauamt oder dem Wasserwirtschaftsamt nach. Auch ein Korbflechter kann Ihnen eventuell weiterhelfen.
Oder Sie bestellen bei: Freitag & Sohn

Auf Sand gebaut, Seite 42–45:
Sandkästen in allen erdenklichen Ausführungen halten Gartencenter und Bäumärkte bereit. Per Versand gibt es: Sandkasten „Piratenschiff" mit Kajüten-Spielhäuschen über: Die Gartengalerie
Der »An-Alles-Gedacht-Sandkasten« – bei: JAKO-O GmbH

Feuchte Zauberwelt, Seite 46–53:
Planschbecken: JAKO-O GmbH

Bachlauf- und Mühlstein-Set: Pontec GmbH – über Gartencenter und Baumärkte erhältlich

Schwimmteiche: Unter www.kleinbadeteiche.de finden Sie eine Adressen-Sammlung von Firmen, die Schwimmteiche bauen – sortiert nach Postleitzahlen. So ist es ein Leichtes, ein Unternehmen ganz in Ihrer Nähe herauszusuchen.

Teichfolien: Erhalten Sie in Gartencentern und Baumärkten – oder bei: Aquaplan Held, re-natur GmbH, Sarnafil GmbH

Fertigteiche, Teichbau-Elemente: Kruk Kunststoffe GmbH, Ubbink Garten GmbH

Wandbrunnen, Wasserspeier: Country-Garden, Die Gartengalerie, Pötschke Garten

Becherlupe und anderes Zubehör für kleine Wasser-Forscher: JAKO-O GmbH, Landesbund für Vogelschutz – LBV NaturShop

Grüne Teppiche, Seite 54–59:
Bälle und Zubehör für (fast) jede Art von Spiel: JAKO-O GmbH

Abgehoben, Seite 60–65:
Kinderschaukeln, Klettertürme, Rutschen und alle möglichen anderen Außenspielgeräte erhalten Sie in Gartencentern und Baumärkten oder bei JAKO-O GmbH

Schaukelfiguren aus alten Autoreifen: Die Gartengalerie

Hängematten, Hängesitze nebst Zubehör: Die Gartengalerie, JAKO-O GmbH

Trampolin: Biber Umweltprodukte Versand GmbH, JAKO-O GmbH

Kinder und Tiere, Seite 66–73:
Nistkästen und Futterhäuschen für Vögel, Fledermaus-Wohnung, Igel-Burg, Marienkäfer-Turm und Wildbienen-Kinderstuben gibt's bei: GARTENBEDARF-VERSAND, Landesbund für Vogelschutz – LBV NaturShop, re-natur, Schwegler Vogel- und Naturschutzprodukte GmbH

Der Landesbund für Vogelschutz hält auch eine Anleitung zum Selberbauen von Nistkästen für Sie bereit. Die Informationen erhalten Sie kostenlos per Fax.

Vogeltränken und Vogelbäder: Atelier Efeuranke, COUNTRY GARDEN, Die Gartengalerie, Pötschke Garten, Renate Weber

Ein Beet für kleine Gärtner, Seite 74–81:
Grüne Kinderlieblinge im Paket – zum Riechen, Schmecken, Anschauen und Geschichten erzählen gibt es bei: Blumenschule

Eine Kinderkiste mit vielen grünen Überraschungen und einem lustigen, lehrreichen Begleitheft kann man bestellen über: Staudengärtnerei Dieter Gaissmayer

Kunterbunte Sommerblumenmischungen, Saatbänder für eine kinderleichte Aussaat von Gemüse und Blumen, Schmetterlingsblumen und viele für Kinder interessante Sämereien mehr gibt es im Garten-Fachhandel oder bei: Gärtner Pötschke, Sperli-Versand über Barbara Gassmann

Rosiges Vergnügen, Seite 102–103:
Lust auf Rosen? Hier können Sie bestellen: LACON, Bioland Rosenschule Ruf, Walter Schultheis

Willkommen im Elfenreich, Seite 104–105:
Der putzige Froschkönig (und andere märchenhafte Keramik) stammt aus dem Atelier Efeuranke.

Wasserparty, Seite 106–107:
Spritztierchen und Aufziehschwimmtiere – erhältlich im Spielwaren-Laden oder bei: JAKO-O GmbH

Feuer und Flamme, Seite 110–113:
Feuerkorb, Mexiko-Ofen und Feuerschale aus Keramik – erhältlich bei: Die Gartengalerie, Landhaus Ettenbühl, Pötschke Garten

So schmeckt der Sommer, Seite 115–117:
Leckeres Beerenobst? Im nächsten Gartencenter werden Sie bestimmt fündig. Oder Sie bestellen bei: Artländer Pflanzenhof, Baumgartner Baumschulen, Gärtner Pötschke

Kräutersegen, Seite 118–119:
Die würzig duftende Kräuter-Gesellschaft finden Sie auf dem Wochenmarkt, in der nächsten Gärtnerei, im Gartencenter oder bei: Blauetikett Bornträger GmbH, herb's Bioland-Gärtnerei, Rühlemann's Kräuter und Duftpflanzen, Syringa Duft- und Würzkräuter

Ein Picknick im Grünen, Seite 120–121:
Traditionelle Picknick-Körbe: Die Gartengalerie
Praktischer Picknick-Rucksack: Wood.Steel & More

Die größte Beere der Welt, Seite 126–127:
Kürbis-Samen in großer Vielfalt gibt's im Garten-Fachhandel oder bei: Gärtner Pötschke, Sperli-Versand über Barbara Gassmann, Thompson & Morgan

Kürbis-Schnitzset: im Gartencenter, im Bastelladen oder bei: Blumenschule

Spiel mit dem Wind, Seite 130:
Wetterfestes mit Dreh in großer Auswahl – wie etwa Windräder, Spiralen und Windsäcke – führt IN VENTO

Klangwindspiele sind erhältlich bei: Die Gartengalerie, HESPERIDEN

Ein Fest für die Vögel, Seite 134–135:
Gut durchdachte Futterhäuschen in allen erdenklichen Ausführungen gibt es bei: GARTENBEDARF-VERSAND, Landesbund für Vogelschutz

Adressen von A–Z

Aquaplan Held
Gottlieb-Daimler-Str. 5-7, 75050 Gemmingen
Tel. 0 72 67/9 12 60, Fax 0 72 67/6 06

Artländer Pflanzenhof
Fliegerhorst 2, 49635 Badbergen
Tel. 0 54 31/24 58, Fax 0 54 31/90 43 53
www.pflanzenhof-online.de

Atelier Efeuranke Tatjana Hierl
Am Pfeifenberg 6, 82237 Wörthsee
Tel. 01 75/1 61 18 02

Baumgartner Baumschulen
84378 Nöham
Tel. 0 87 26/2 05, Fax 0 87 26/1390
www.baumgartner-baumschulen.de

Biber Umweltprodukte Versand GmbH
Bleicheweg 157, 88131 Lindau
Tel. 0 83 82/94 64 68, Fax 0 83 82/94 64 69

Blauetikett Bornträger GmbH
67591 Offstein
Tel. 0 62 43/90 53 26, Fax 0 62 43/90 53 28

Blumenschule Rainer Engler & Sabine Friesch
Augsburger Straße 62, 86956 Schongau
Tel. 0 88 61/73 73, Fax 0 88 61/12 72

COUNTRY GARDEN
Auf den Beeten 12, 72119 Ammerbuch-Reusten
Tel. 0 70 73/23 72, Fax 0 70 73/72 26

Die Gartengalerie
Wössinger Straße 15, 75045 Walzbachtal
Tel. 0 72 03/18 05, Fax 0 72 03/63 36

Freitag & Sohn Weiden Art
Postfach 1334, 85354 Freising
Tel. 0 81 61/9 15 76, Fax 0 81 61/74 95

Staudengärtnerei Dieter Gaissmayer
Jungviehweide 3, 89257 Illertissen
Tel. 0 73 03/72 58
www.staudengaissmayer.de

GARTENBEDARF-VERSAND Richard Ward
Günztalstraße 22, 87733 Markt Rettenbach
Tel. 0 83 92/16 46
www.gartenbedarf-versand.de

Barbara Gassmann
Im Saal 13, 21423 Winsen/Lühe
Tel. 0 41 71/7 34 53
www.gassmann-samenversand.de

herb's Bioland-Gärtnerei
Stedinger Weg 16, 27801 Nuttel
Tel. 04 43 2/9 40 03, Fax 04 43 2/9 40 04
www.herb-s.de

HESPERIDEN
In der Schmalau 4, 90427 Nürnberg
Tel. 09 11/30 31 11, Fax 09 11/30 63 11
www.hesperiden.de

Hortechnica AG
Kriesbachstraße 3, CH – Wallisellen ZH (Schweiz)
00 41-(0)1/8 30 60 20, 00 41-(0)1/8 30 65 16
www.hortechnica.ch

IN VENTO
Klein Feldhus, 26180 Rastede-Neusüdende
Unter folgenden Service-Nummern erfahren Sie, welcher Händler in Ihrer Nähe die Produkte führt:
Tel. 0 44 02/92 62 44, Fax 0 44 02/92 62 29
www.invento-hq.com

JAKO-O GmbH
96475 Bad Rodach
Tel. 0 18 05/24 68 10, Fax 0 95 64/92 96 75 00
www.jako-o.de

Kruk Kunststoffe GmbH
Dieselstraße 10, 37235 Hessisch Lichtenau
Tel. 0 56 02/80 99-0, Fax 0 56 02/80 99-28

LACON
J.-S. Piazolo Straße 4a, 68766 Hockenheim
Tel. 0 62 05/70 33, Fax. 0 62 05/1 85 74

Landesbund für Vogelschutz LBV NaturShop
Postfach 1380, 91157 Hilpoltstein
Tel. 0 91 74/47 75 23, Fax 0 91 74/47 75 75

Landhaus Ettenbühl
79415 Bad Bellingen
Tel. 0 76 35/82 23 57, Fax 0 76 35/82 23 59

Markus Holzbau
Liebenstadt 45, 91180 Heideck
Tel. 0 91 77/4 89 91

Gärtner Pötschke
41561 Kaarst
Tel. 0 21 31/79 33 33, Fax 0 21 31/79 34 44

Pötschke Garten Fachversand für Gartenfreunde
41561 Kaarst
Tel. 0 21 31/79 31 11, Fax 0 21 31/79 34 47

Pontec GmbH
Tel. 0 54 54/8 00, Fax 0 54 54/8 02 35

re-natur GmbH
Charles-Ross-Weg 24, 24601 Ruhwinkel
Tel. 0 43 23/90 10-0, Fax 0 43 23/90 10-33
www.re-natur.de

Rühlemann's Kräuter und Duftpflanzen
Auf dem Berg 166, 27367 Horstedt
Tel. 0 42 88/92 85 58, Fax 0 42 88/92 85 59
www.ruehlemanns.de

Bioland-Rosenschule Ruf
Zum Sauerbrunnen 35, 61231 Bad Nauheim-Steinfurth
Tel 0 60 32/8 18 93, Fax 0 60 32/8 23 75

Sarnafil GmbH
Kapellenstraße 7, 85622 Feldkirchen
Tel. 0 89/99 14 50, Fax 0 89/99 14 51 00
www.sarnafil.de

Walter Schultheis
Rosenhof, 61231 Bad Nauheim-Steinfurth
Tel. 0 60 32/8 10 13, Fax 0 60 32/8 58 90

Schwegler Vogel- und Naturschutzprodukte GmbH
Heinkelstraße 35, 73614 Schorndorf
Tel. 0 71 81/97 74 50

Syringa Duft- und Würzkräuter B. Dittrich
Bachstraße 7, 78247 Hilzingen
Tel. 0 77 39/14 52, Fax 0 77 39/6 77
www.syringa-samen.de

Thompson & Morgan
Postfach 1069, 22784 Hamburg
Tel. 0 40 61/19 39 93, Fax 00 44/14 73 68 01 99
www.thompson-morgan.com

Ubbink Garten GmbH
Im Fisserhook 11, 46395 Bocholt
Tel. 0 28 71/21 01-0, Fax 0 28 71/21 01-70
www.ubbinkgarten.de

Rupert Voß
Braunautal 16, 85625 Berganger
Tel. 0 80 93/90 39 70

Renate Weber
Liszthof 10, 49076 Osnabrück
Tel. 05 41/6 51 27
www.renate-weber.de

Wood.Steel & More
Postfach 11 48, 22947 Ammersbek
Tel. 0 40/60 56 11 92, Fax 0 40/60 56 11 91
www.woodsteel.de

Fette Ziffern sind Hauptverweise, * verweisen auf Abbildungen; *kursive Ziffern* verweisen auf Rezepte und Bastelanleitungen

---

Fürs Mitmachen möchte ich mich herzlich bei folgenden Kindern bedanken:

Alina, Anna, Anna-Lena, Benno, Celina, Clemens, Franzi, Hanna, Hansi, Helena, Jakob, Jasper, Johanna, Johanna W., Johannes, Julia, Kathi, Kira, Laura, Laurin, Leo, Leopold, Lukas, Louis, Luzia, Luzi, Magdalena, Marco, Maria, Marie, Marie-Sofie, Markus, Moritz, Marlene, Merrit, Martha, Matthias, Max, Naila, Peter, Philip, Raffaela, Rebecca, Seppi, Steffi, Teresa, Timo, Toni.

Ganz besonderen Dank an meine Kinder Marie und Lilli, die mir eine unerschöpfliche Inspirationsquelle waren.

Anneliese Kompatscher

Meinen beiden Töchtern Laura und Maira von Herzen gewidmet.

Damit möchte ich Dank sagen für ihr Verständnis und die Geduld, die sie ihrer arbeitenden Mutter stets entgegenbrachten. Und ein dickes Dankeschön natürlich auch für die vielen guten Tipps und Anregungen, die in dieses Buch mit eingeflossen sind.

Christiane Widmayr-Falconi

Bibliografische Information Der Deutschen Bibliothek

Die Deutsche Bibliothek verzeichnet diese Publikation in der Deutschen Nationalbiografie; detaillierte bibliografische Daten sind im Internet über http.//dnb.ddb.de abrufbar.

BLV Verlagsgesellschaft mbH
München Wien Zürich
80797 München

Alle Fotos von Anneliese Kompatscher außer:
Gardeluxe: 111
Gary Rogers/PICTURE PRESS: 91
Klimt. 69o
Pforr: 68, 69u, ,81m, 82, 83m
Reinhard: 52om, 52or, 53, 81o, ,83u, 83o
Ruckszio: 52ol
Stangl: 81u

Umschlaggestaltung:
Anja Masuch, München

Umschlagfotos:
Anneliese Kompatscher

Layoutkonzept Innenteil:
Sabine Fuchs, München

Lektorat:
Dr. Thomas Hagen, Eva Ott

Herstellung und Layout:
Angelika Tröger

Repro:
Repro Ludwig, A-Zell am See

Gedruckt auf chlorfrei gebleichtem Papier
Printed in Germany
ISBN 3-405-16400-1